勝算

用機率思維找到可複製的核心能力，
掌握提高勝算的底層邏輯

The Chances of Success

劉潤———著

能把複雜問題簡單化，
才是一流大智慧。

序言 —————————————————

什麼叫「人生算法」？

就是把同樣公平的機會，放在很多人面前，不同的人生算法，會導致全然不同的選擇。

比如現在有兩個按鈕，按下紅色按鈕，你可以直接拿走100萬美元；按下藍色按鈕，有一半機會，你可以拿到1億美元，但還有一半機會，你什麼都拿不到。

你會選哪一個？

是按紅色按鈕，直接拿走100萬美元，落袋爲安呢，還是賭一下，按藍色按鈕，萬一拿到1億美元，人生的小目標不就實現了嗎？

可是，萬一什麼都沒拿到怎麼辦？還不如按紅色按鈕，雖然比1億美元少很多，但最差也有100萬美元吧。

這就是我們在《5分鐘商學院》第2季第6課講過的「確定效應」。

「二鳥在林，不如一鳥在手」，大部分人不願爲了看似更大的收益冒風險，他更喜歡雖然小一點兒但是確定的收益。

「確定效應」就是他們的「人生算法」。

但是，其實這道選擇題，是有唯一正確答案的。

如果你學過《5分鐘商學院》第1季的「決策樹」，你就會知道，藍色按鈕的「期望值」更大（期望值為5000萬美元），是最理性的選擇。

「決策樹」，就是你的「人生算法」。

可是，即便藍色按鈕是最正確、最理性的選擇，我還是有一半可能什麼都拿不到啊，怎麼辦？

有沒有一種辦法，讓我能確定地獲得比100萬美元更大的收益，增加我「贏」的機率呢？

當然有。

我們在「確定效應」那課中講過，你可以去找一個投資人，把這個專案以低於「期望值」5000萬美元的價格賣給他。

比如2000萬美元，你落袋為安，獲得了確定的2000萬美元，而他，獲得了「5000萬美元期望收益 - 2000萬美元成本 = 3000萬美元」的期望利潤。

這就是基於「機率思維」的另一種「人生算法」。

不同的「人生算法」，帶來不同的選擇，從而獲得完全不同的人生。

而「機率思維」就是很多成功人士最基礎的「人生算法」，今天我們就來講一講，到底什麼是「機率思維」。

曾經，我在微軟GTEC 20周年的聚會上，訪談了原子創投的創始人馮一名，他成功投資了途虎養車網等眾多獨角獸巨頭。訪談中，他提出一個令人印象深刻的觀點，「大家要有一個清醒的認識，創業成功非常重要的因素之一，就是運氣」。

　　這聽起來非常不正確，因爲大多數人更願意聽到，創業是要靠努力、靠勤奮。

　　什麼是運氣？

　　運氣就是機率，只不過加了一點兒感情色彩。

　　對我們有利的機率，稱爲運氣；對我們不利的機率，稱爲倒霉。

　　所謂創業靠運氣，去掉感情色彩，就是：創業成功非常重要的因素之一，就是機率。

　　我過去也分享過這個觀點：就算你在創業路上，盡了一切努力，做對了所有事情，依然有95%是要靠運氣，也就是機率的。

　　這句話聽上去很令人洩氣，但這可能就是一個自然規律。

　　只有理解這個規律，你才會做出正確的選擇，形成機率思維。在今天這個急速變化的時代，機率思維是非常重要的一種思維模式。

　　從創業的第一天開始，你每天甚至每小時都面臨大大小小無數的決策，有些決策你覺得很重大，有些你覺得微不足道。

　　但是你覺得重大的決策，未必眞的重大，可能只是讓你覺得很痛而已。

就像我們在《5分鐘商學院》第1季裡講過的「倖存者偏見」，機翼上的彈孔讓你很疼，但是你飛回來了，於是覺得自己很了不起。

　　而輕輕蹭過座艙和尾部的子彈，一旦擊中就機毀人亡的部分，卻沒能引起你的關注。

　　你認為你成功，是因為努力扛住了機翼上的彈孔，但可能真正的原因，只是子彈「碰巧」沒打中飛行員，或者油箱。

　　為什麼會這樣？

　　因為我們大多數的決策，都是「不完全資訊決策」。

　　如果確定選A就能賺五塊錢，選B就賺不到錢，我們肯定會選A。

　　這種掌握了全部資訊的決策，是完全資訊決策。

　　而現實是選A選B具體賺多少錢，並沒有準確的數據，A和B之外有沒有別的選項也不清楚。

　　在不完全資訊決策的情況下，不是靠你的聰明才智或者努力，就一定能有正確決策的。

　　你再聰明再努力，都有可能是錯的。這個「可能性」，這個失敗的「機率」，來自資訊的不完全。

　　如果選A選B都有50%的機率會賭錯，就相當於你拋了一枚硬幣，你猜中是正面，就繼續往下走一步，若是反面，就結束了。

　　這不是聰明才智的問題，這是資訊不完全帶來的「機率問

題」。假如你能走到下一步，又面臨新的決策，決策資訊永遠是不完整的，選A有50%的可能性賺100塊錢，選B有30%的可能性賺50塊錢。

選A還是選B呢？

學過《5分鐘商學院》中「機率樹」一課的同學都知道，選A，你的期望收益是50%×100=50塊錢；選B，你的期望收益是30%×50=15塊錢。

選A是正確的決策。但是即使是正確的決策，選A依然有50%的可能性是賺不到錢的。

也就是說，選A是一個相對正確的決策，但它依然有可能是錯的。

如果這次你猜對了，你又可以往前走一步，當然也可能猜錯就走不了。

只是走兩步，你能再往下走的機率只有50%×50%，也就是25%了。

這樣一路決策下來，你每天有多大機率是走不下去的？

可見，最後你能走向成功，95%要靠機率，這個說法並不誇張。所以我們既要相信努力的必要性，也要明白，完全不受我們控制的機率，對創業的重要性有多大。

「機率思維」是你要心平氣和地承認，就算做對了所有事情，你成功的機率也不高，可能在今天的網際網路行業只有不超過5%的機率。

然後再思考應該用什麼方式提高機率。

千分位上，透過踏上時代的脈搏提高12%；百分位上，透過選對戰略，再提高5%；十分位上，透過設計好組織結構又提高2%；最後在個位上做好管理，提高1%。綜合計算一共提高了20%，加上原來的5%，你的成功機率就變成了25%。

有25%的機率獲得成功，已經是很大的希望了，但是依然有75%的機率會失敗，怎麼辦？

那就不接受失敗再來一次，再來一次，再來一次。

如果你曾連續創業四次，每次成功機率是25%的話，四次裡面有一次成功就是機率比較大的事件了。

這就是機率思維，是這個時代成功者所秉持的底層思維。

只有理解和運用機率思維，去增加好運氣，避開大坑和陷阱，創業者才可能在成功的路上走得更遠。

本書摘要 ─────────────

成為高手的三個階段
判斷力、分寸感、顆粒度

學習效果的四個途徑
認知之樹＋鬚鯨式學習、大量聽書、集中閱讀、輸出是最好的輸入

定準方向

成大事的人，要具備的五種硬功夫
擁有強烈的好奇心、擁抱不確定性、更大的目標和想像力、延遲滿足、不怕犯錯

將複雜的事情簡單化
第一，我們要懂得爲目標找到指標
第二，不要因爲關注指標，而忘了目標

洞察事物本質的能力
多問幾個爲什麼
在邏輯對的道路上一路狂奔

從零維到五維的思考
一維思考是戰略層面、二維思考是商業模式的思考、三維思考是顛覆式創新、四維思考增加時間維度、五維思考增加機率

找對方法

認知的三種層級
一元思維以自我爲中心、二元思維能兼容兩種不同的觀點、三元思維兼容外界所有思想和觀點

搭建人生進化系統
可複製的核心能力、感知—認知—決策—行動、增長和複利

困難越大，護城河越深 簡單的事比後期、困難的事比前期、人脈和投資是困難的事	**頂級高手都是長期主義者** 堅守長期主義給人戰略定力、重視長遠價值不會失去眼前利益、把一件事做到極致

做好決策

人生的管理，就是目標的管理 Plan（計畫）、Do（實施）、Check（檢查）、Action（處理）	**培養戰略性思維** 養成一種系統化的思考能力、因果律，專業、管理、資本三種槓桿

深度思考三把刀 進化、本質、系統	**受益終身的七個習慣** 積極主動、以終為始、要事第一、雙贏思維、知彼解己、統合綜效、不斷更新

思維進化

提升認知基礎體能 苦練基本功、及時總結和復盤、碎片化學習，系統化思考	**人際關係的符號互動理論** 人的底層動力：恐懼和欲望、觀察一個人的應對方式、破除人們的掩飾

打造高效協作機制
定目標、扛目標、盯過程、守底線、獎結果

優秀管理者要具備的七項素養
極限施壓、目標感、挑戰、處理難題、當助燃劑、感到害怕、看誰都順眼

管理智慧

管理者的溝通心法
波特定律、對事不對人、反對不批評、認知協調、多建議

管理員工心流
讓他去做一些更有挑戰性的事情，目標明確、可以得到即時反饋，並且難度適中

用結構模組搭建商業模型
變數、因果鏈、增強回路、調節回路、滯後效應

商業模式
利益相關者的交易結構，2、3、4、6、9幾個模型

商業邏輯

商業模式創新
第一，先把自己和客戶擺在交易結構裡面
第二，拉入更多的利益相關者
第三，思考這些利益相關者都要什麼，把他們連起來

「十大戰略」模型
設計學派、計畫學派、定位學派、企業家學派、認知學派、學習學派、權力學派、文化學派、環境學派、結構學派

目録

1 PART 定準方向
➡ 把握人生的精度

2 PART 找對方法
➡ 看透這個世界的本質

PART 1

把握人生的精度

定準方向

成為高手的三個階段

　　優秀是一種成功標準。優秀，永遠是人類社會中人們成長、成功的高目標與高標準。既然優秀是一種標準，那麼，有沒有一套方法可以用來判定一個人是否優秀呢？有。一個人是否優秀可以透過三個層次進行判斷。

　　高手和普通人的差別在哪裡？

　　不在0~60%這一段。這一段的關鍵詞是「我會了」。

　　也不在60%~90%這一段。這一段的關鍵詞是「還不錯」。高手和普通人的差別，在90%~99%這一段。這一段的關鍵詞是「極致」。而頂尖高手和高手的差別，在於99%~99.9999%。這一段的關鍵詞是判斷力、分寸感和顆粒度。

判斷力

　　一件事情，在資訊量有100%的情況下，你能做出的判斷，一個擁有決策模型的機器人都能做出。而當資訊量只有90%時，很多人就會開始犯錯。錯誤率，甚至可以高達50%。當資訊量只

有60%時，大部分人的決策，基本靠猜。

判斷力，不是指你有沒有優秀的「決策模型」，而是在你只有20%~30%資訊量的時候，如何做出正確機率很大的決定。

判斷力，是對資訊量的對沖[1]。

分寸感

往前一步，萬丈深淵。往後一步，還是萬丈深淵。你是否能在鋼絲上，從懸崖的這一頭，走到那一頭？這句話，該不該說？那件事，會影響到誰的利益？價格定在多少合適？分多少利益給合作夥伴？

甚至，一個微笑，一個鞠躬，一個用詞，一個握手的力度，一個段子的尺度，一句話的力度，都是分寸感的體現。當複雜因素共同作用於一件事的時候，成熟的人和孩子的巨大差別之一，就是分寸感。

分寸感，是對複雜性的對沖。

顆粒度

你看時間，是以年為單位，還是以天為單位，還是以分鐘為

1　編注：對沖（Hedge）原指投資人降低現有倉位風險之策略，而這個降低風險的過程，就稱之為對沖。台灣稱為避險。

單位？你說用別人3分鐘時，是否真的用了3分鐘？還是安慰自己，我的事很重要，5分鐘也值得？你把一顆桃核放大，上面是不是雕刻著一艘船？你把一粒米放大，上面是不是刻著一部《紅樓夢》？你對產品的設計，精細到每個按鈕的位置、顏色、陰影、在不同光照下的反射了嗎？這些都是顆粒度。

顆粒度，是對分辨率的對沖。

孩子，總覺得自己充滿激情，無所畏懼。他們有時也會做出一些令人驚艷的東西。大人們很讚許。但是，孩子成長為大人，就會發現，對判斷力、分寸感、顆粒度的修練，是一條沒有盡頭的路。

願你出走半生，歸來仍是少年。但這個前提是，你已經開始走了。如果走都不走，你就不會「仍是少年」，而是一個長不大的「巨嬰」。

結語

一個網上流傳的故事：

一場戰爭中，美國空軍降落傘的合格率為99.9%，這就意味著從機率上來說，每一千個跳傘的士兵中可能會有一個因為降落傘不合格而喪命。軍方要求廠家必須讓合格率達到100%才行。廠家負責人說他們竭盡全力了，99.9%已是極限，除非出現奇蹟。軍方就改變了檢查制度，每次交貨前從降落傘中隨機挑出幾個，讓廠家負責人親自跳傘檢測。從此，奇蹟出現了，降落傘的合格率達到了100%。

故事的真假我們不必計較，因為其背後隱約透露出一個十分關鍵的資訊：

高手和普通人的差別，在於90%~ 99%。這一段的關鍵詞是極致。

頂尖高手和高手的差別，在於99%~ 99.9999%。這一段的關鍵詞是判斷力、分寸感和顆粒度。

但前提是，你對「極致」這個詞，不要有誤解。極致是99分，頂尖高手是100分，優秀大概80分。但是大部分人，誤以為

10分就是滿分。99%~99.9999%，那剩下的 0.000001，就是庸人和優秀者的區別。

差距看似很小，觸手可及，卻是一道難以跨越的天塹。

所以，請嘗試把「我不行，我學不會，我做不到」，改成「我行，我願付出不亞於任何人的努力去嘗試」；把「我做到了，我已經做得足夠好了，我盡力了」，改成「還能更好，還能夠優化，還能更努力」。

美團創始人王興說過這麼一句話：真正極度渴望成功的人其實並不多，符合後半句「願付出非凡代價」的就更少了。

願你敢於離開舒適生活，敢於不惜代價去奮力爭取。

願你在這次「特殊時期」過後，成為「九死一生」中的「一生」。

讓複雜的事情簡單化

真正的高手，都善於把複雜的事情簡單化。

目標和指標

前些日子在一個企業家私董會上，我聊了一下目標（objective）和指標（index），這兩個到今天為止，還有很多人都分不清楚的概念。請問，降低膽固醇，是我們的目標嗎？不是。降低膽固醇不是目標。健康才是目標。

那膽固醇是什麼？膽固醇是指標。

我們真正關心的，是身體健康。但是，身體怎樣才算健康呢？靠感覺舒不舒服嗎？不行啊。有些身體狀況的惡化，是感覺不到的。

那怎麼辦？關注一些和健康密切相關的「指標」變化。這些數字就像汽車裡的儀錶板，一旦變化，離開正常範圍，通常就標示著人體開始不健康了——這些數字代表的指標比如膽固醇，比如血壓，比如血糖，比如三酸甘油脂。

但是記住，這些從來都不是我們追求的目標，它們是標誌我們追求的目標有沒有達成的指標。區分這兩個概念有什麼用？很有用。

第一，我們要懂得為目標找到指標。

企業經營的目標是什麼？**持續健康經營**。那麼，如何衡量一家企業是否持續健康經營呢？

看收入增長這個指標嗎？不行。收入增長，可能是以犧牲利潤為代價的。那以「收入和利潤」同時增長為指標嗎？也不行。

因為企業可能會拚命招人，收入、利潤增長的同時，成本也劇烈增加，營運效率大大降低，稍有風險，現金流就會斷裂。**以什麼為持續健康經營的指標呢？人均利潤。**

這個指標，兼顧了收入、成本和營運效率。找到這個指標，不斷關注這個指標，根據指標變化調整經營策略，企業才能保持健康。

第二，不要因為關注指標，而忘了目標。

我們關注指標久了，常常會忘了目標。比如，我們關注膽固醇久了，就會把所有心思都放在膽固醇身上，而忘了健康才是目標。

為了控制膽固醇，健康指南建議我們每天只能吃一個雞蛋。因為蛋黃裡富含膽固醇。

慢慢地，大家就只記得每天只吃一個雞蛋，而忘了為什麼。突然有一天，科學進步了，發現你少吃的膽固醇，身體內都會自

己生成補回來。少吃雞蛋，沒有任何意義。

這時，如果你記得，你的目標是健康，而不是降低膽固醇，更不是少吃雞蛋，你就會迅速調整指標。因為，指標可以變，目標不能變。

管理公司就是開車。記住，你真正的目標在遠方，而不在車裡儀錶板上的數字。很多人特別容易陷入複雜的指標之中，忘記那些KPI、OKR、KBI 的複雜數字吧……每一年都會流行一些新的管理理念、新概念、新詞語、方法論、工具，比如阿米巴[2]、OKR……不要為這些詞語痴迷，不要被這些複雜的詞語迷惑。

如果你往下不斷深挖，不斷接近本質層，你就會發現，人性不變，管理理念其實基本也不會變，只是表達方式一直在變。真正的高手，都善於把複雜的事情簡單化。

回歸本質

吉利集團董事長李書福剛進入汽車業時，業內人士都不看好。記者問他怎麼看待汽車，他說：汽車，不就是四個輪子和兩排沙發嗎？這句話引來無數業內人士的恥笑：這……真是個無知的瘋子。

2　編注：由稻盛和夫提出的「阿米巴經營」。意即把公司分成數個獨立核算收支盈虧的單位，由小組長負責營運，成員的績效連動各單位的獲利，讓員工的角色從被動幫忙、領取薪資，轉變為替自己和組員賺取酬勞。
　　來源：經理人

但是今天，應該沒有人敢輕視吉利汽車了。早在2017年，吉利就銷售汽車120萬輛，增速超過60%，淨利潤超過100億元。吉利收購著名汽車品牌VOLVO，更是讓很多業內人士閉口不言。

當李書福說話有分量時，我們再回顧他曾經說的那句瘋狂的話，難道不對嗎？汽車，不就是四個輪子和兩排沙發嗎？四個輪子和兩排沙發，就是汽車的本質。從第一輛汽車被發明到現在，不管科技如何進步，更安全、更舒適、更高科技，這個本質從來沒有變過。

在汽車行業從業久的人，開始把更好的音響當成本質，把更漂亮的噴漆當成本質，把汽車變得越來越複雜，卻忘了真正的本質。在一個行業從業過久的人，特別容易被方法論帶來的成功蒙蔽雙眼，忘記什麼才是本質。

我是這麼對客戶笑的，我是這麼設計燈光的，我是這麼陳列貨品的，我是這麼和供應商談判的……這些打磨了幾十年的方法論，讓我在行業獲得了巨大的成功。這些對不對？對。有沒有用？有用。

但這些都不是本質，它們都是在資訊流、資金流、物流的一個特定組合下，取悅客戶、優化產品、提高效率的方法論。

在變革時代，我們更需要回歸行業本質，尊重常識和規律。從滿足用戶需求出發，把複雜的事情簡單化。只有簡單，才能做

到專注。只有專注，才能做到極致。簡單，才是終極智慧。

方法論
變化

本質
不變

汽車
4個輪子+2排沙發

更好的音響
更漂亮的噴漆
⋯⋯⋯

「熟人關係」

關於「簡單」，馮侖先生講過一個「熟人關係」的故事：你開車違規了，闖紅燈了，被警察攔住，一看那警察是個熟人，他對你說：「大哥，你怎麼在這兒？」

你說：「對不起，剛才沒看見紅燈，打了一個盹兒。」對方說：「沒事，過去吧。」

這時候你會怎麼樣？你會覺得有面子。然後你說：「兄弟，沒事，改天一塊兒吃個飯。」

第二次路過這兒，你拐錯彎了，一看又是這哥們兒，這回不道歉了，你說：「又是您當班啊？」

對方說：「沒事，過去吧。」

你說：「行啊，改日喝酒！」又省了50塊錢，面子大了去了。但兩次都攔住又放了，你過意不去，就會找理由請他吃飯，還這個人情。跟對方一吃一喝一高興，花費肯定超過100塊錢。

吃完了以後，你多問了一句：「最近弟妹忙什麼呢？」

對方說：「你這弟妹不爭氣，一天在家沒啥事，找工作特別難。要不上你那兒找個活兒幹，能開點兒錢開點兒錢，別讓她在家待著？」

你說：「沒問題，哥們兒的事嘛。」

過兩天對方的老婆來上班了，怎麼開工資呢？按照當下的標準，工資不可能太低。每月還要買保險，加上其他雜支，差不多

2000元[3]，每個月都得給。

上班3個月之後，對方打電話來了，說：「我老婆回來天天跟我說，您好好管管您手下，不能老欺負我老婆，她不就是沒上大學嘛，沒上大學也是人。」

第二天你上班，被迫變著法兒讓人都知道她老公跟你是哥們兒。

而這時你可能已經不開車，也不可能違規了。同時你也對這位弟妹不耐煩了，跟對方說：「弟妹在這兒不舒服，乾脆讓她回家。這樣吧，她不用上班，我每月給她開2000元，一年給她發24000元。」

你花了錢，一年搭進24000元，還不好意思停這工資；最後錢花出去了，又得罪了哥們兒。

如果當初罰款50元的時候，你就簡簡單單給50元，後續的麻煩都會消失。

就因為把事情複雜化了，才雞飛蛋打，丟了朋友，損了面子，還搭了錢財。我們最容易犯的錯誤，不是破解不了複雜的難題，而是總把簡單的事情辦複雜。

真正厲害的人，都很簡單。

能把複雜問題簡單化，才是一流大智慧。

3　編注：本書幣值若沒特別說明即為指人民幣。

結語

　　關於管理，一怕起名，二怕押韻。

　　一起名，你就覺得專業；一押韻，你就覺得是古人的智慧。什麼意思？比如，你隨便發明一個管理理論，然後起個名字：

　　這叫「二馬螺旋」式管理。讓人一聽就不明覺厲[4]。然後再編一句押韻的歇後語：一馬上升終到頭，二馬螺旋無窮盡。

　　你一聽，天啊，有道理啊。這就是起名押韻法。

　　為什麼講這個？因為看到一個笑話。與你分享：世界上有一種叫一氧化二氫的化學物質，它具有很多危害，例如是酸雨的主要成分、促進泥土流失、引起溫室效應、導致腐蝕、吸入呼吸道會致命、皮膚長時間接觸它的固體形式會導致嚴重損傷、它的氣體形式能引起嚴重灼傷、能在腫瘤細胞中找到、污染了全世界的河流湖泊，等等，但是政府和企業卻無視它的危險，還在大量使用……有些人因此呼籲禁用一氧化二氫。屬不屬害？這個一氧化二氫，就是 H_2O。也就是水。

4　編注：網路流行詞，原為「雖不明，但覺厲」，表示「雖然不明白你在幹什麼，但好像很厲害的樣子。」出自周星馳的電影《食神》中的角色對白。

常識讓事情變得簡單，複雜的語言蒙蔽人的頭腦。如果一個概念、一個人，讓你覺得眼花撩亂，那麼是錯的、假的、低劣的。

　　最了不起的人和事，都簡潔而優雅，樸素到「一劍封喉」。真正厲害的人，都很簡單。

　　真正的高手，都善於把複雜的事情簡單化。

知識增量，決定你的成長品質

你的知識增量，決定你的成長品質。

沒有增量，就只能原地打轉，眼睜睜看著自己被別人超越。但是，知識從哪裡來？很重要的一點是，看書。

一本書，就是一個思維模型，就是一套理論框架，就是一種認知。

那麼，怎樣更高效、更有效地看書學習？

用一些方法，也許你就可以比80%的人更優秀。

世界上的兩種知識

在說應該做什麼之前，要先說不要做什麼。關於看書學習，有兩個很大的誤區。

第一個誤區：把看書過分神聖化。

提到看書學習，有些人會想到這樣的場景：沐浴在溫暖的陽光中，有一扇大大的落地窗，窩在客廳的柔軟沙發裡，喝著一杯香醇的咖啡，然後慢慢捧起手邊的一本書，在舒緩的音樂中靜靜

閱讀。

這是一件非常神聖的事情，所以必須萬事俱備。

但是，如果沒有陽光，沒有落地窗，沒有咖啡呢？那就不看書，不學習了嗎？

把學習過分神聖化，給了自己太多的理由和藉口。

所以，我會建議你在看書學習的時候，千萬要擺正一個心態：不要過分神聖化。這樣你開始的時候，會簡單一點兒。

別讓形式大於你的目的。書只是一個載體。我們真正要做的事情，是獲得書裡面的內容。

那麼，應該獲得什麼內容？

這就涉及第二個誤區：看書僅僅是為了獲得已知。但是實際上，**我們不僅是為了獲得已知，更是為了獲得認知。**

這個世界上，有兩種知識。

一種是把未知變成已知。比如牛頓、愛因斯坦這樣的人，他們非常偉大，充滿探索精神，是真正的科學家、思想家。他們透過大量的推理、實驗，點亮未知的地圖，讓人們知道，原來世界上還有這樣的東西存在，原來世界是這個樣子的。他們透過自己的努力，把人類未知的東西，變成已知。但是，因為晦澀的語言、複雜的圖表、艱深的公式，這些偉大的發現，我們又可能往往看不懂。

這時，就需要第二種知識，把已知變成認知。

當你要學習牛頓力學時，你也許不會去看牛頓的著作，而會

去買一本講解牛頓力學的教材，會去看牛頓力學在生活中的應用，真正去理解什麼是牛頓力學。這就是把已知變成認知。

我們的目的，不僅是為了知道一樣東西，更是為了認知一樣東西。

明白是什麼，還要知道為什麼、怎麼用。只有這樣，才是有效的知識增量，成長才會有更好的質量。

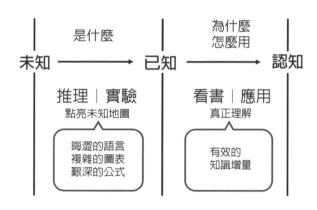

高效學習的四種途徑

知道了學習的目的，知道了一定不能犯錯的誤區，現在我們看看如何更高效地學習。

有幾個方法和建議。

1.認知之樹＋鬚鯨式學習

　　認知之樹，就是一定要有自己的知識框架。比如想要學習商業，在這棵大樹上，就要先搭建最主要的枝幹。經濟學、管理學、心理學，必不可少。然後，你可能會去看亞當·史斯密（Adam Smith）、彼得·杜拉克（Peter F. Drucker）、阿爾弗雷德·阿德勒（Alfred Adler）等人的著作。

　　有了認知之樹，才說明你的知識是體系化、連續化的，而不是割裂的、點狀的。然後，像鬚鯨一樣學習。

　　鬚鯨是怎麼吃東西的？大嘴一張，不管是小魚小蝦還是海水，都先吞進體內。然後有用的東西就消化吸收，沒用的東西噴出體外。

　　學習的過程也是一樣。不管是什麼類型的知識，先大量輸入，接著把有用的知識，掛在你的認知之樹上。

　　這樣，你的認知之樹會越長越大，越來越茂盛。

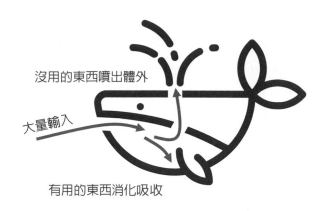

沒用的東西噴出體外

大量輸入

有用的東西消化吸收

2.大量聽書

像鬚鯨一樣學習，大量輸入。但是，應該用什麼方式呢？我建議你，聽書。

2020年，我在得到App上一共聽了1300多個小時的書。這意味著我平均每天要聽3個多小時，能聽六七本書。聽書有什麼好處？

可以使人在最短的時間內，快速瞭解一個領域的全貌，獲得60%~70%的核心認知。

這種方式，對打地基很有幫助。而且，**聽書還能很好地開闊自己的視野。**

「得到」經常推薦給我各個領域的書，藝術、歷史、文學、法律等方面。

這些領域我比較陌生，如果「得到」不推薦給我，我可能不

會主動去瞭解。但是它推給我，就讓我和這些知識「相遇」了。

然後，你會聽到一個特別有趣的觀點，讓你腦洞大開──原來這個行業是這樣的──也會發現不同領域一些相通的底層邏輯。

透過聽書偶遇陌生的知識，可以迅速擴展你的知識面，完善你的知識結構。

3.集中閱讀

當我聽到了一些特別好的書，想深入瞭解的，我就會點擊「收藏」，找這本書來仔細閱讀。

閱讀，是做更認真的研究，吃透一個領域。比如，我最近對「邊緣計算[5]」特別感興趣，我就上網找和邊緣計算相關的書籍，又去看買了這些暢銷書的人，還買了其他哪些相關的書，最後挑了幾本做成自己的研究清單。

拿到這些書，應該怎麼閱讀？首先，看目錄。

光看目錄，就能知道一個大致的知識框架，知道這些人是怎麼看邊緣計算的。

然後，找到 what、why、how。什麼是邊緣計算？為什麼會出現邊緣計算？邊緣計算有哪些應用場景？

5　編注：邊緣運算（Edge computing），又譯為邊緣計算，是一種分散式運算的架構，將應用程式、數據資料與服務的運算，由網路中心節點，移往網路邏輯上的邊緣節點來處理。（取自維基百科）

這樣你就會對它的原理、怎麼和產業結合、發展到什麼階段，有一個清晰的瞭解。

輸出
學不如說，說不如寫，寫不如畫

找what & why & how
是什麼？為什麼出現？有哪些場景？

看目錄
知道知識框架

先讀書後讀人
哪個作者水準高？還寫過哪些書？思想怎樣迭代？

在讀了一系列的書之後，你在心裡就會有一個判斷，哪個作者的水準更高，研究得更透澈。然後找這個作者寫過的書來看。

先是讀書，然後讀人。

接著便會發現，作者的思想是怎樣一步步進化迭代的。10年前，他是這麼想的；5年前，他又是那麼想的；今天，他形成了這樣的看法。

透過集中閱讀，一下子搞懂一個領域，也讀懂一個人，相當於和作者交了個朋友，也一下子學習了他十幾年的思想精華。

4.輸出是最好的輸入

聽過、讀過，就可以了嗎？

當然不是。輸出，才是最好的輸入。學不如說。

學完能清晰地複述，給別人講清楚，說明你懂了。說不如寫。

說，還是發散的結構，如果你能寫清楚，更進一步代表你有了更深的思考。

寫不如畫。

比寫更厲害的，是總結出一個模型。能畫出高度抽象、凝練的模型，說明你真的達到了融會貫通的程度。

所以，學習完一定要輸出。

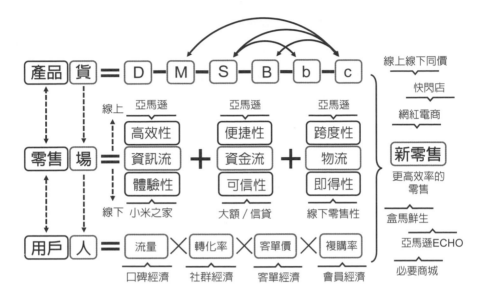

注：我總結的關於「新零售」的模型。

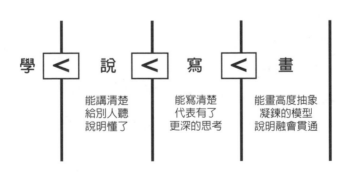

堅持，造成人與人之間的差距

我知道，可能有人會說，這些方法很有效，但看起來太累了，我真的能做到嗎？

是的。學習本身就是一件很辛苦的事情。

但正是因為難，才會造成人與人之間的差距。

你也要相信，自己能夠做到。透過一些其他方法，幫助自己堅持下來。

怎麼做？下面是兩條建議。

第一，用他律來自律——加入一個學習小組。

如果你想讀書，那麼你就可以去找一群也想讀書的人，大家形成一個讀書小組。大家規定：每天讀書，輸出筆記，交流心得。做到了，有獎勵；做不到，有懲罰。

透過這樣的方式，大家互相監督，互相鼓勵。在一個學習的氛圍中學習，才是更有效的學習。

這樣，你就不會輕易半途而廢。真正堅持下來，一年讀完幾十本書時，你也會有極大的成就感。

第二，充分利用碎片化的時間。

還記得我們前面講的嗎？不要把學習搞得太神聖化，我們應該在任何地點、任何時候都能學習。

在機場的休息室裡，在去高鐵站的路上，在前往下一個會場的專車裡，都是我的碎片時間。這些時間，我們很容易忽略，一

不小心就全部浪費了。

所以我出門的時候，都會攜帶一副藍牙耳機。在碎片化的時間裡，聽書。

我經常說，不要浪費你的第三個8小時。什麼意思？

第一個8小時，你在睡覺。第二個8小時，你在上班。真正造成人與人之間差距的，是第三個8小時。

但是這第三個8小時，你還要吃飯、通勤、逛街，被切割得非常碎。因此，能充分利用這些碎片時間的人，才是真正懂得學習、渴望獲得成長的人。

想一想，當你跑5公里的時候，你也能聽書學習。跑完的時候，也學完了。

這樣的方式，更高效，也更輕鬆。不要小看這些碎片時間，你可以計算一下，如果這些時間都用來學習，一年下來你可以搶回多少時間。積少成多，非常可觀。

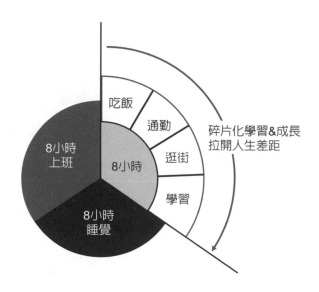

8小時
上班

8小時

吃飯

通勤

逛街

學習

碎片化學習&成長
拉開人生差距

8小時
睡覺

結語

　　所以，怎樣能獲得更高效的成長？

　　你的知識增量，決定你的成長質量。

　　大量輸入，大量輸出，量變會產生質變。否則，就只是在原地打轉，陷入很低水準的成長。

　　最後，分享幾句話：

　　一個人在食物鏈的位置，通常不是由他自己決定的，但一個人在知識鏈上的位置，常常可以透過他的努力而改變。這就是我們要讀書的原因。

　　我們在知識鏈上的位置，常常會影響到我們在食物鏈上的位置。這可能就是我們讀書的意義。

　　祝你可以高質量地成長。

你做過的事情都有價值線

如果你對更廣闊的海洋有渴望，對自己更強大的能力有信心，就別被恐懼拴住。

凡事有交代，件件有著落，事事有回音。

優秀員工、高級經理與事業夥伴

首先是做事可靠。

你交代的事情，他能按時完成。不會因為你不提醒，他就忘了。不會你一提醒，他才有些進展。從質量上，交給他的東西總是讓你滿意，甚至超出預期。如果能力達不到高質量交付的結果，會主動自我學習，或者協調各種資源，以及向你求助。

其次是值得託付。

如果你的業務是成熟的，或者你的想法是清晰的，那麼人品可靠的員工，是你最好的夥伴。但是，常常你的業務處於發展期，你也不知道怎麼做。你有方向，有目標，有該怎麼做的想法，但是沒有具體的步驟、指標、計畫，甚至戰略都需要驗證。

這時，只有值得託付的員工能幫到你。他們拿到一個目標，會問你背後真正想要的東西，然後調配內部資源，協調外部資源，形成計畫，再把計畫分解為指令，讓做事可靠的人去完成。

他們的心中，永遠裝著事，更裝著全域。他們時刻警惕風險，遇到任何風險信號，第一時間做出反應。真正遇到風險，他們承擔責任，決不退縮，尋找解決方案。他們值得託付，值得分享更大的事業。

最後是患難與共。

他與你有相同的思維級別，但是有著互補的能力結構。他特別值得信任，你知道，在任何情況下，他都不會背叛信任。他把信任看得比一生的財富更重要。你可以把後背交給他。你們共同經歷過苦難，甚至生死。這樣的關係，在同學、同鄉、同事關係中，更容易積累。

他和你一樣，把事業看成成就的來源，而不是經濟的來源。你們各自獨當一面，你就算不知道他的做法，不認同他的做法，但你發自內心相信他的能力和人品。倘若事業失敗，他會賣房子和你一起度過難關。

第一種人，可以做優秀員工；第二種人，可以做高級經理；第三種人，可以做事業夥伴。

你的可靠層次，決定了你能成為哪種人。

主動學習　　拆解計畫　　值得信任

相同的思維級別
互補的能力結構

看重目標後的東西
調配內外部的資源

事業夥伴
患難與共

按時完成任務
交付超出預期

高級經理
值得託付

優秀員工
做事可靠

君子不器

關於可靠，你還需要知道一個概念：君子不器。什麼叫「君子不器」？器，就是被控制住。杯子沒有被燒成之前，就是一把土，可以燒成碗，燒成杯子，燒成勺子，燒成各種各樣的器物。這一把土，燒成什麼形狀都有可能。但是，當這一把土燒成杯子的時候，它的價值、它的作用，就被控制住了，它只能是杯子了。

君子不器，就是那一把土，本來具備各種可能，結果燒成杯子以後，已經不具備其他的能力了。君子不器，就是千萬不要被控制住，不要像器具那樣，作用僅僅限於某一方面。

曾經有人問我：「潤總，是什麼讓你取得了今天的成就？」

我不敢說我今天取得了很大的成就，但如果一定要讓我總結我走到今天的原因，那一定是：在每一件事情上，我都會做到榨乾我所能學習的一切東西。

如果我大學畢業時，在廣告公司不好好學習相關實戰技能，而僅僅想著賺錢，那麼就不一定有機會進入我嚮往的那家公司。如果我做工程師的時候不把解決問題的能力培養好、客戶服務的感覺培養好，做管理時就很難有那種強烈的同理心。如果我不是在做專案的時候順便學習，報考了專案管理專家的認證，就不會有後來出去幫企業講課的機會。如果我不是抓緊一切幫企業講課的機會，鍛鍊我的演講能力，把自己放在更大的挑戰裡面成長，

現在就不會自己創業做諮詢。如果我不是在做公益專案的時候全力以赴，我後來就不會認識李兆基的長子李家杰，更不會在恆基地產做諮詢顧問。如果我不是從小培養寫作能力，在每一次寫作中提升，就不會有機會寫出《5分鐘商學院》，更不會讓40多萬位學員認識我。如果……如果我沒有在每一個職位上，把所有能學的東西都學到，那我一定達不到如今的境界。如果我只願意做技術的工作，錯過後來的這些經歷，我想我會遺憾一輩子。所以，在每件事情、每個職位上，都要榨乾你所能學習的一切東西。

不要在意薪水的高低，不要糾結事情的難易，不要逃避上級交代的任務，這些都不重要。最重要的是，從你所做的每一件事情上，學到最多的東西。總有一天，你做過的那些看似沒有用途的事情，會在生命的某一時刻連接在一起，形成一條價值線。

這條價值線會指引你，走向你想要的生活。君子不器，你想把自己塑造成什麼樣的形態，你說了才算。

「責權利心法」

給可靠的擔當者，而不是執行者，足夠的利益。一個專案有20個人在做，誰應該拿到主要獎勵？擔當者，就是對目標負責的人。我們要把80%的獎勵給20%的擔當者；20%的獎勵，給80%的執行者。為什麼？

因為擔當者的貢獻遠大於執行者。你對獎勵不滿意，那太好了。你隨時準備好了（能力、願力、潛力），請從執行者轉為擔當者，拿走你想要的那部分。

怎麼判斷你是否把目標都交給了擔當者？

你看任何一件事情，是不是有人比你更著急。如果你總是很著急地去找人問：「這件事怎樣了？」他說：「哦，遇到困難了。」你就知道，他不是擔當者。真正比你著急的人會天天來逼你：「老闆，今天你有三件任務必須完成。」

當你給出的利，讓每個人對目標都比你著急的時候，你就成功了。

其實，這就是「責權利心法」。你敢於擔當多少，就能得到多大利益。

結語

　　未來，是不可知的。沒有人可以預知未來。面對未知，如果人生的每一個決定都是在確定增加50%薪水，提升一級頭銜，期待得到好處的前提下，才邁出下一步，路，可能會越走越窄。

　　你今天必須做別人不願做的事，明天才能夠擁有別人不能擁有的東西。不管多高的職位、多高的薪水，那些都是別人給你的，所以都是別人的。只有你用來換取這些報酬的能力才是你自己的。

　　如果你對更廣闊的海洋有渴望，對自己更強大的能力有信心，就別被恐懼拴住。

　　凡事有交代，件件有著落，事事有回音。你的可靠層次，決定了你能成為哪種人。

真正困住一個人的是格局

放下「主動防禦的本能」

前些日子，有同學在進化島社群向我提問：「潤總，真正憑良心做生意到底能不能賺到錢？」

我說：「也許，你的心中有個錯誤歸因。」

憑良心做生意的沒賺到錢，問題通常不是出在有良善的「心」，而是出在沒有商業的「腦」。不能把「腦」的問題，歸於「心」。很多人往往很難承認自己的不足。因為承認不足，就是對自己的否定，心理上很難做到。人的潛意識裡都有主動防禦的本能，所以，大部分時候都是喜歡掩飾，而不願意面對。

有一次我出差演講，調試電腦時，發現投影有問題。現場的工程師說：「你的電腦有問題，你改解析度，你改 PPT，不管你改什麼，反正是你的電腦有問題。」我接過投影機遙控器，自己把投影調好了。

很多人都像那個工程師，視野、經驗、技能不足，但是他們

眼中沒有自己的不足，只有別人的不對。很多人做一件事失敗了，他們會怪這件事不可靠，而不是怪自己無能。他們會說「當時天真了，那事太不可靠」，或者「現在時機不對，我成了炮灰」。很少有人會說：「這事很可靠，時機也對，可惜是我能力不足，做砸了，真慚愧。」

　　當別人告訴你這件事不可能時，那是因為他做不到，不代表你不能。允許更多的可能性，你才能有更多的機會。

向內觀格局

　　不少企業家都問過我一個問題：「潤總，我們的產品是行業裡最好的，可惜還是有不少用戶不能理解。我覺得我們銷售做得太弱，您看我們怎麼才能利用互聯網，讓大家都知道我們的產品是最好的？」

　　聽到這樣的問題，我通常會說：「你多找一些陌生的用戶，親自跟他們講講你的產品。」如果講得滿頭大汗，大部分人都還是沒感覺，那你一定要明白，其實，你的產品，是真的不夠好。

　　我常說一句話：「你陪客戶喝下去的那些酒，都是你做產品的時候沒有流過的那些汗。」

　　產品能量不足，才需要行銷補，通路補，都補不了的，最後只好陪客戶喝酒、吃飯、搞關係。等到關係沒了，一切轟然倒

塌。金杯銀杯，不如用戶的口碑。資源背景，不如自身能力過硬。

信奉價值理論的人更加關注好產品，也敢於承認自身的不足，虛心學習，不斷提升，最終收穫一個好的結果。

這個世界上沒有捷徑。**大機會時代來臨，機會落在有實力的人身上，而不是機會主義者身上。只有敢於不如人，才能勝於人。勇於承認自己的不足，你才能有更多的生存可能。**

向外觀視野

我曾經在進化島社群分享過一個故事：

江蘇，是全國高考最難的省之一。考同一所大學，江蘇人需要600多分，北京人只需要400多分。我的中學南京一中，又是江蘇最好的中學之一。這所學校的普通學生，放在江蘇的其他學校，都是「學霸」。

包同學，是南京一中我這屆的高考狀元，高分進入南京大學計算機系。講到這裡，透過三個對比，你已經知道包狀元有多厲害了。這樣的人，十足優秀。想要超越他，只能嘆口氣，默默搖頭。只有大學繼續努力，爭取縮小差距。

高考後我很幸運，被南京大學數學系錄取，和包狀元在同一所學校。有一次我去計算機系宿舍找包狀元玩。包狀元有道題不會做，極其痛苦，問上鋪的郭同學。郭同學懶洋洋地看了一眼

題，慢悠悠地說了幾句，包狀元恍然大悟。

　　這個郭同學，幾乎每天都不去上課，每天都睡不醒。就是這個「睡神」郭同學，「學霸」們排著隊等著問他問題。這時，你就知道，郭同學不是「睡神」，而是真正的「大神」。

　　畢業後，我又很幸運，和郭同學去了同一家公司，後來又一起加入微軟。微軟考核是打分制，20%的人得4分，70%的人得3分、3.5分，10%的人得 2.5分。郭同學常常得4.5分，因為4分，已經無法證明他的優秀。5 分？不可能。因為5分就證明這個人很完美。

　　一個人怎麼可能完美？在微軟，幾乎不可能有5分。直到我遇到了謝同學⋯⋯你可能已經猜到了，謝同學才是真正的掃地僧。

　　謝同學真的得了無法想像的5分。因為4.5分的保守，無法體現他在全球都難以匹敵的優秀。他的老闆，必須層層向上證明，這個人真的是完美的，最後甚至驚動了比爾·蓋茲。最後，微軟破格給一個員工打了5分。5分的獎勵是什麼？和比爾·蓋茲一起吃了頓飯。至此，你可能已經驚嘆優秀是沒有極限的了。

　　可是，我身邊隨便找一個人，都是奧數冠軍、高考狀元、科技發明獎獲得者。謝同學這種極度的優秀，因為星空的璀璨，顯得不是那麼奪目。但是在如白晝一樣的夜空中，依然有幾個名字如此耀眼，他們管理著群星。

　　比如，13歲讀大學的沈向洋；比如，12 歲讀大學的張亞

勤。沈向洋和張亞勤，謙卑、慈愛地和大家一起工作。和他們交談，你只感覺到深不可測的能量，卻感覺不到一絲鋒芒。

為什麼如此謙卑？因為他們見過更優秀的人。優秀，沒有極限。所以，見過這些優秀的人，常常自愧不如。更可怕的是，這些優秀的人，比你更加謙卑，比你更加努力。

如果真的想獲得比別人更高的能力，就要比別人更勤奮。格局同樣如此，見識過，經歷過，方知人外有人，天外有天。站得越高，才能看得越遠。

多經歷，多見識，多反思，多復盤，多承受委屈和磨難，你的視野和格局才能得到提升。勇於承認自己不足的人，格局都很大。

結語

　　胡雪巖曾說：「如果你有一鄉的眼光，你可以做一鄉的生意；如果你有一縣的眼光，你可以做一縣的生意；如果你有天下的眼光，你可能做天下的生意。」

　　這就是格局。

　　提升格局，首先是提升視野。視野是向外觀，格局是向內觀。視野是向外的，欲窮千里目，更上一層樓。看得越多越好，越透澈越好，越有高度越好。

　　格局則是向內擴大自己的心胸，越大越好，從而使得你能做的事情極大地放大。

　　勇於承認自己不足的人，格局都很大。

成大事的人，要具備的五種硬功夫

有讀者問我：「潤總，據你觀察，那些能成大事的年輕人，都具備哪些特質呢？他們身上有沒有什麼共同性？」

在我14年的職業生涯中，親自面試的人應該不下1000人了。看過的簡歷還要更多，尤其是微軟上海早期擴張的時候。

有的人，頭腦和履歷都非常優秀，可是走著走著卻慢慢變得平庸。而有的人，一開始並不怎麼起眼，十幾年後，卻做出了很大的成就。他們身上確實有一些共同性。

擁有強烈的好奇心

你所能擁有的一切，都源自探索；而探索的動力，都源自好奇。每個人在孩童時期都具有強烈的好奇心。這是什麼？那是什麼？為什麼是這樣？為什麼不能那樣？為什麼會打雷下雨？為什麼有冬天、夏天？為什麼蘋果會落在地上？為什麼井蓋是圓的？為什麼印加人沒有文字？

可是，在逐漸長大的過程中，很多人都丟失了自己的好奇

心。而那些能成大事的人，往往都保持著童年那種強烈的好奇心。正是因爲這種好奇心，促使他們離開舒適區，獲得更多新知識，不斷拓展自己的邊界。

沒有好奇心的人通常不太願意動腦子，他們滿足於待在舒適區，只做自己擅長的事情，不斷重複過去的工作，活在過去的榮光裡。

而擁有好奇心的人，就像一塊海綿。不斷吸收新的知識，獲得更快的成長。他們總是關心更優秀的人是怎麼做這件事的，這件事還能做得更好嗎，這件事情背後的運行規律是什麼。聽到跟自己意見相左的觀點，他們的第一反應不是反駁，而是產生強烈的興趣：咦？還有這種操作？他爲什麼會這麼想？這背後有什麼合理性？即便遇到讓自己利益受損的事情，他們的好奇心也會壓倒憤怒，去思考這個問題背後的邏輯是什麼，解決問題的關鍵變量是什麼，最優解法是什麼。只要有所收穫，他們就會獲得巨大的滿足。

因爲擁有強烈的好奇心，所以他們在追求成長的道路上，永不止步。也因此，他們總是樂意接受更大的挑戰。

字節跳動（旗下有今日頭條、抖音等App）的創始人張一鳴就是一個擁有強烈好奇心的人。他曾在採訪中說，他剛剛參加工作時，雖然只是一個程式設計師，但是只要產品上遇到問題，他都會參與，即使有很多人告訴他，這不是他應該做的事情。這都源自他的好奇心和興趣，而不是公司的要求。慢慢地，他積累的

技能越來越多，成長的速度越來越快。從帶一個小組，到一個小一些的部門，再到一個大部門，後來出去自己創業。

好奇心是驅動一個人進步的最大動力，是我們應該不惜一切代價保護的最大財富。它源於對自己知識缺口的敏感，以及填補缺口的強大動力和缺口不斷被填補的巨大成就感。

如果已經丟失了孩童時期的好奇心，我們還能再撿起來嗎？當然可以。

當你對做一件事情缺乏興趣的時候，試試把內心的獨白從「這很無聊」「這有什麼用啊」改成「我好奇如果我這麼做了，會怎麼樣」。

這是一個很神奇的問題，也許能夠幫你化「無聊」為「有趣」。

擁抱不確定性

大多數人寧願擁有一個鐵飯碗，一輩子旱澇保收[6]，也不願意踏出舒適區，擁抱一點兒不確定性，承擔一點兒風險。人們厭惡不確定性，是因為厭惡不確定性背後巨大的風險。但是，不確定性背後，除了巨大的風險，也可能是巨大的收益。能成大事的人，在面對不確定性時，有不同的風險觀。他們並不是承擔風險

6　編注：指土地灌溉及排水情況良好，不論天旱或多雨，都能得到好收成。泛指獲利有保證的事情。（參考自https://chengyu.game2.tw/archives/184002）

的能力更強，而是看待風險的視角不一樣。他們不僅會把失敗的損失看作風險，也會把錯過的發展機會看作風險。所以，在面對不確定性時，他們更容易選擇擁抱，而不是懷疑。因為擁抱比懷疑，永遠多一次機會。

世界變化的速度越來越快，不確定性就像空氣一樣，幾乎永遠存在。在可承受的範圍內主動擁抱不確定性，對我們來說，是很有好處的。塔雷伯的暢銷書《反脆弱》，說的就是這件事：如何從不確定性中獲益。

平時養尊處優，偶爾饑寒交迫一次，接受一些不確定性的小刺激，身體反而會發揮冗餘機制，變得更強壯。健身其實就是這個道理。

更大的目標和想像力

在北京，一些優秀的年輕人，找工作的時候偏向於選擇國企等可以解決北京戶口或者享受買房福利的單位。

在一線城市，能夠有房有車有戶口，已經是很多人想像中很好的生活了。但是你會發現，那些能成大事的人，他們的目標和想像力遠不止於此。

他們會發自內心地覺得，長遠來看，只要自己能夠創造巨大的價值，那麼車、房、戶口，早晚都會有的。

這些都只是附帶品。最關鍵的是，要不斷成長，積累價值，

讓自己變得稀缺，有能力去解決別人解決不了的問題。

所以，他們不會在乎剛畢業幾年的收入，他們在乎的是眼前的工作是否能給自己帶來最快的成長。相反，如果剛畢業的時候，你的目標就是在北京買一間房子，早日存購首付，那麼你可能就會想盡辦法賺錢、存錢。你的一切決策，都聚焦在首付上。

一個兼職，哪怕沒什麼成長，只要能賺錢就去做。

一項培訓很有價值，但是要花很大一筆錢，那就選擇放棄。一個很好的工作機會，短期收入不高，但是長期可能有巨大收益，不確定性太大了，還是算了吧。

幾年之後，這樣做確實存了不少錢。看上去雖然賺了，但可能是虧的。因爲你放棄了不少成長的機會。

這個世界很奇怪，你衝著錢去，卻往往賺不到錢。這個世界也很公平，你選擇了賺小錢，就反而賺不到大錢。所以想要成大事，就要有更大的目標和想像力，專注於創造價值，而不是創造財富。

賺錢，只是一個順帶的結果而已。

延遲滿足

在接受《財經》雜誌採訪時，張一鳴說：「我最欣賞自身的特質是延遲滿足感，而最大的延遲滿足感，是思維上的。我比較保守，比如很多公司花錢都是爲了再融資，而我總是預留足夠的

錢。保守的本質是因為我很相信延遲滿足感，如果一件事你覺得很好，不妨再往後延遲一下，這會讓你提高標準，同時留下了緩衝。」

很多人人生中一半的問題都是這個原因造成的——沒有延遲滿足感。延遲滿足感的本質是克服人性的弱點，而克服人性的弱點，是為了獲取更多的自由。

以前我的投資人建議我儘快推廣業務，但我想做好充足的準備再行動。事實上在競爭對手發力之前，都是自己的窗口期[7]。

華為就是一家懂得延遲滿足的企業，在研發方面花了大力氣，這種投入不會在短期內見效。

能夠延遲滿足的人，往往極度自律。今天空出來了2個小時，是選擇學一些新技術提升自己，還是玩一會兒遊戲獲得即時快感？

延遲滿足的人，會選擇提升自己。

來戈壁徒步，走到一半堅持不下去了，是選擇堅持走完，還是「算了，就到此為止吧」？

延遲滿足的人，會選擇堅持走完。

今天是運動日，該去跑步鍛鍊了，但就是不想跑，怎麼辦？延遲滿足的人，會說「今天不想跑，所以才去跑」。

能夠延遲滿足的人，堅持長期主義，他們要的是未來的收益，而不是當下的快感。

7　編注：邊界風險的時限最大預估值為窗口期。（參考自百度）

在這個世界上，要把一件事情做到極致，其實大部分時候都是很平淡、很枯燥的。高光時刻只有取得階段性成果的那幾秒鐘而已。

就像去走戈壁。去之前，你可以說你的內心被一種東西牽引著，你嚮往蒼茫的戈壁。但是，當你真的走在戈壁上的時候，你會發現，哪有什麼東西在牽引著你。放眼望去，全是沙石。

哪有什麼「大漠孤煙直[8]」的意境，更別說什麼移步換景了。就算你徒步5個小時，景色也一點兒變化都沒有。荒蕪人煙。你所能做的事情，特別枯燥，就是邁完左腳再邁右腳。

在這種時候，如果你懂得延遲滿足，堅持長期主義，你就會不斷鼓勵自己，堅持走下去。

延遲滿足，能夠讓你在日復一日的枯燥中，不至於選擇放棄。怎麼才能做到延遲滿足呢？

當你覺得一件事情完成得特別好，準備見好就收的時候，不妨再等一等，看看後面是不是還藏著什麼驚喜。

當一件事情對你很重要，但是你又不想做的時候，不妨告訴自己：我先做10分鐘試一試，看看會怎麼樣。一旦你真的去做了，就會發現，其實它並沒有想像中那麼痛苦。

8　編注：出自王維的詩：「大漠孤煙直，長河落日圓。」原意為：浩瀚沙漠中孤煙直上，無盡黃河上落日渾圓。

即時滿足 —— 延遲滿足

即時滿足			延遲滿足
滿足人性	○	○	克服人性
賺眼前的錢	○	○	博取成長的機會
創造財富	○	○	創造價值
玩一下遊戲	○	○	學新技術
今天的快感	○	○	未來的收益
徒步走不下去	○	○	徒步堅持走完

不怕犯錯

很多人不願嘗試做能力範圍之外的事情，有一個原因是：害怕犯錯。

他們認為犯錯是一件很丟臉的事情，這代表自己的能力不行。但是，能成大事的人，並不會這麼想。他們會認為，只要不是什麼致命的錯誤，犯一些小錯，反而是值得高興的事。因為又有機會可以提升自己了。他們會從錯誤中學習，以便下一次能夠做得更好。他們並不害怕別人覺得自己能力不行，反而會大方承

認：「是啊，我現在就是能力不行。但只要我不斷總結和提升，我總有行的那一天。」

他們懂得：成功，要多從外部找原因，而失敗，要多從內部找原因。不怕犯錯，善於自省，不斷改進。這樣的人，沒有天花板。

結語

　　擁有強烈的好奇心，決定了你會不斷拓展自己認知的邊界。敢於擁抱不確定性，能讓你有機會碰到大機會，獲得更大的成功。

　　有更大的目標和想像力，決定了你在面對短期收益的時候，不會故步自封。

　　延遲滿足和極度自律，決定了你在日復一日的枯燥中，有耐心走完全程，不至於中途放棄。

　　不怕犯錯和善於自省，能讓你不斷升級迭代，成長速度比別人快。

　　這些就是優秀人士身上的5個特質。

REPLAY
➡ 復盤時刻

1. 高手和普通人的差別,在90%~99%這一段。這一段的關鍵詞是「極致」。

2. 而頂尖高手和高手的差別,在於99%~99.9999%。這一段的關鍵詞是判斷力、分寸感和顆粒度。

3. 真正的高手,都善於把複雜的事情簡單化。

4. 只有簡單,才能做到專注。只有專注,才能做到極致。簡單,才是終極智慧。

5. 我們的目的,不僅是為了知道一樣東西,更是認知一樣東西。

6. 如果你對更廣闊的海洋有渴望，對自己更強大的能力有信心，就別被恐懼拴住。

7. 凡事有交代，件件有著落，事事有回音。

8. 在每一件事情上，我都會做到榨乾我所能學習的一切東西。

9. 總有一天，你做過的那些看似沒有用途的事情，會在生命的某一時刻連接在一起，形成一條價值線。

10. 你今天必須做別人不願做的事，明天才能夠擁有別人不能擁有的東西。

PART 2

看透這個世界的本質

找對方法

用多元思維看世界

在今天這樣一個資訊爆炸的時代，每天都有大量新知識湧入我們的大腦，使我們遇到很多認知挑戰。因為知識量、資訊量巨大，所以到底如何接收和認知這些內容，搭建自己的認知模型，就顯得特別重要：你必須有一棵認知「樹」。這棵「樹」，我稱為「多元認知模型」。

我們先來看一個例子。

最近有一句話叫作「讓聽見炮聲的人呼喚炮火」。乍一聽覺得特別有道理：站在後臺的人怎麼能指揮戰鬥呢？他連炮聲都聽不見，怎麼知道炮是從哪裡打過來的呢？當然得讓前線最能掌握現場資訊的人來指揮戰鬥了！有句古話叫作「將在外，君命有所不受」，也是同樣道理呀！

「讓聽見炮聲的人呼喚炮火」這句話出自華為的創始人任正非先生。任正非是一位很了不起的企業家，他把華為打造成了一個值得讓中國人驕傲的企業。所以任正非先生講的這句話，部分人會自然地覺得他是對的。

於是你把這句話抄下來，貼在電腦上，隨時警醒自己：作為

一個管理者，要讓聽得見炮聲的人來指揮戰鬥！

但是任總還講過另外一句話，叫作「砍掉高層的手腳、中層的屁股、基層的腦袋」，核心意思是說，高級主管要只留下腦袋來洞察市場、規劃戰略、運籌帷幄，而不是習慣性地扎到事務性工作中去；砍掉中層主管的屁股，就是要打破部門本位主義；砍掉基層的腦袋，是要求基層員工必須按照流程要求，把事情簡單高效地做正確，不需要自作主張，隨性發揮。

「砍掉基層的腦袋」？你困惑了……不是說「讓聽見炮聲的人呼喚炮火」嗎？前線打仗的可都是基層士兵呀！砍掉了腦袋怎麼指揮戰鬥呢？這是不是矛盾了呢？到底應該相信哪一句呢？

這個世界上有沒有一個絕對領先的方法論，是能夠壓倒其他所有方法論的？有沒有哪個物種是占據絕對優勢，沒有天敵的？

我認為是不存在的。**這個世界是多元的，有很多要素是相互作用、彼此制約的，沒有任何一「元」是能夠統治這個世界的，所以你要用「多元認知模型」去認識它。**

就像「石頭、剪刀、布」這個遊戲一樣，石頭可以砸剪刀，剪刀能夠剪布，布又能夠包住石頭。這個世界充滿了這樣的循環，有的時候「東風壓倒西風」，而有的時候反過來「西風壓倒東風」。

觀點的兩面

「多元認知模型」最基本的邏輯是：**當你聽到一個新觀點時，先試著想一想，它有沒有反面的觀點，這是第一步。**

比如「讓聽見炮聲的人呼喚炮火」這句話，它的反面觀點是「不要讓聽見炮聲的人呼喚炮火」。

那第二步是什麼？就是思考一下，這個反面觀點有沒有道理。如果你想來想去，覺得一點道理都沒有，那就相當於說，這個世界被前一個觀點所統治了。

而我們剛才說過了，不存在絕對正確的觀點。一個有道理的觀點的反面觀點，一定也有幾分道理。

比如為什麼「不要讓聽見炮聲的人呼喚炮火」這個觀點也有道理呢？因為基層最重要的是執行力，決策更多需要高層關注。作為基層員工，隨著思辨能力和決策能力的提升及經驗的豐富，他會慢慢走向高層。所以從分布上，總體來說基層的執行力比決策能力更強，而高層的決策能力比執行力更重要。

為什麼有的時候「不要讓聽見炮聲的人呼喚炮火」呢？因為他們可能沒有足夠的決策能力，沒有支撐其做決策的思維框架和判斷標準。

華為還流傳著這樣一個故事：一個華為的基層員工，也就是一個聽得見炮聲的人，剛進華為沒多久就寫了一封萬言書發給任正非，說在華為觀察了幾個月之後，覺得有這麼多需要改革的地

方……任正非批覆人力資源部說：看看這個人有沒有精神上的疾病，如果有就趕快去治病，如果沒有就辭退。

這是為什麼呢？很多基層員工都特別想去指揮戰鬥，但他們並不具備指揮戰鬥的能力。所以你就能夠發現，「不要讓聽見炮聲的人呼喚炮火」這個觀點，至少從這個角度看是有道理的。如果你繼續思考，還可能想出更多層面的道理來。

所以當你看到一個觀點，你很相信它，但同時你要做兩件事：第一件事就是找到這個觀點的反面，第二件事是找到這個反面觀點的道理。**當你找到能夠支撐反面觀點的道理時，你才能更全面地認識這個真實的世界。**

聽到新觀點

讓聽見炮聲的人呼喚炮火

找到反面的觀點

不要讓聽見炮聲的人呼喚炮火

找到反面觀點的道理

基層沒有足夠的決策能力
沒有支撐其做決策的思維框架和判斷標準

更全面地認識世界

結語

　　這個世界上沒有絕對正確的理論，沒有放之四海皆準的道理，也沒有能夠讓一家公司獲得成功的完美的管理方法論。

　　你接觸到任何一個新的觀點，任何一個企業家或者管理學者跟你講的道理，當你覺得恍然大悟、醍醐灌頂的時候，同時要記得立刻去做兩件事：第一件事是找到它的反面觀點，第二件事是要找到一個能支撐該反面觀點的案例或者原因。

　　讓這兩方面的觀點同時在你心中扎根，你才會擁有全面的認知，能真正認識這個多元世界。這個認識多元世界的方法論，我們稱為「多元認知模型」。

洞察事物本質的能力

很多同學問我，如何提高洞察事物本質的能力？

我說，這個問題非常複雜，一兩句話很難說清楚。為了回答這個問題，我甚至專門寫了30講的課程。

商業顧問最核心的能力，就是透過現象看本質的洞察力。除了系統學習，提高洞察事物本質的能力最基本的方法，就是要在日常生活中不斷練習。

怎麼練習？我的兒子小米，今年11歲。為了幫他養成時刻思考事物本質的習慣，我會經常和他一起探討一件事情的本質是什麼。我舉兩個例子。

投籃的本質

有一次，我和我的兒子小米打籃球。我投籃比他準。小米問：為什麼？

我說：因為我投籃是往上投，你投籃是往前投。小米問：這有什麼區別？

我說這個區別就在於：往上投，可以把力道控制不準帶來的變異數（variance），消化在上下的方向；往前投，會把這個變異數消化在前後的方向。

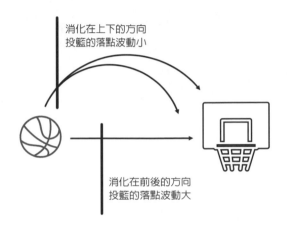

消化在上下的方向
投籃的落點波動小

消化在前後的方向
投籃的落點波動大

什麼是變異數？

假如A班級有10個同學，平均身高1.5米。有個同學2米，有個同學1米，有個同學1.75米，有個同學1.25 米，有個同學1.6米，有個同學1.4米，他們的平均身高依然是1.5米。而B班級也有10個同學，所有同學的身高都是1.5米，所以他們的平均身高還是 1.5 米。

A 班級和B 班級的平均身高都是 1.5 米，哪個班級身高的「質量」更高？

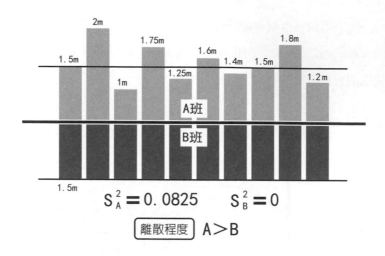

$$S_A^2 = 0.0825 \qquad S_B^2 = 0$$

離散程度 A＞B

B班級，因爲它的變異數更小。

每一個同學的身高和平均數都有個差值。把這個差值平方，加和，再取平均數，就是變異數。A班級的變異數很大，B班級的變異數爲0。

具體到工業的例子。

A公司做手機殼。假如手機高度是15厘米。有的手機殼是20厘米，有的手機殼是10厘米，有的手機殼是16厘米，有的手機殼是14厘米，平均還是15厘米。但這樣幾乎沒有一個手機殼可以用。

B公司也做手機殼。所有手機殼都是15厘米，平均還是15厘米，但是每個手機殼都可以使用。A公司的變異數很大，B公司的變異數爲0。所以雖然平均數一樣，但B公司手機殼的質量更

高。

回到籃球。籃球的初學者，對力道的控制是不準確的，所以變異數很大。也就是說，籃球的初學者投籃的質量很低。

那麼我們把這個變異數消化在上下的方向上，還是消化在前後的方向上呢？消化在上下的方向上，對投籃的落點波動很小。而消化在前後的方向上，對投籃的落點波動很大。所以我儘量往上投。這就是我投籃比兒子投籃準的本質。

往上投，這依然需要大量練習。大量練習之後，一旦能夠投中，投中的穩定性就會很高。穩定，就是質量。

每一件事情背後都有其邏輯。邏輯對的事情不一定就能成，但是邏輯錯的事情幾乎成不了。理解每一件事情的邏輯，找到正確的辦法，然後刻意練習。

籃球也是一樣。儘量往上投，投籃更準，就是這件事情的本質。

方程式的本質

小米剛開始學奧數時，老師從一元一次方程開始講起。比如，$X+5=8$，求X等於多少。

老師教了一個方法：把左邊的5移動到右邊，然後「＋」號變「－」號。

X＋5＝8

X＝8－5

X＝3

老師還教了他們一個口訣：左邊移右邊，「＋」變「－」，「－」變「＋」，「×」變「÷」，「÷」變「×」。

於是，小米在做題時一邊計算，一邊背誦口訣。我就問他，小米，用這些口訣做題會快，但是，你知道它們的原理嗎？它們的本質是什麼呢？

他說，不知道。他有點兒困惑。

我對小米說，我們做任何一件事，都有三個要素：what（本質）、why（為什麼）、how（怎麼辦）。

口訣只是方法，是「how」，不是本質「what」。老師講得很好，給出一個容易理解的方法和口訣，是「how」。但如果不瞭解本質「what」，可能以後很容易就會忘記那些口訣。

我繼續說，口訣的本質是這樣的：方程式的等號意味著兩邊數值是相等的，那麼兩個相同的數字同加同減同乘同除，做相同的運算，其結果肯定也是相等的。

小米還是有點兒困惑，又問，為什麼這會是本質呢？

於是，我進行了一番解釋。我們來看方程式，左邊的X＋5和右邊的8，是相等的。它們同時進行了一個相同的運算，那就是同時減5。

$$X＋5－5＝8－5$$
$$X＝8－5$$

所以你看，所謂的5從左邊移動到了右邊，加號變減號，本質上只不過兩邊做了一個同時減5的操作。

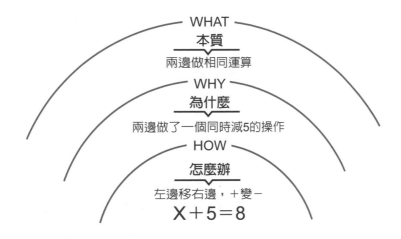

同樣地，再比如，X－5＝8，兩邊同時加5就變成了：

$$X－5＋5＝8＋5$$
$$X＝8＋5$$

這時看上去5移動到右邊，減號變加號，但本質上是兩邊進行了一個同加5的運算，結果不變。無論是加減還是乘除，其本

質並不是移動，而是兩邊做相同運算，這就是解方程的本質。

小米聽了之後恍然大悟，啊，原來是這麼回事呀。

我說：「小米，你要記住，方法論只不過是本質推演出來的東西。任何一個問題，你瞭解了方法論之後，都要爭取多問一個為什麼。你多問一個為什麼，就會往本質多走一層。再問一個為什麼，你就會往本質又多走一層。」

我和小米進行過很多次關於本質的探討。慢慢地，他就養成了思考事物本質的習慣。

有一次，小米擦桌子的時候，對我說了一句話。他說：「擦」的本質是什麼？「擦」的本質，是透過擴大表面積的方式，來提高揮發速度。

這句話也許不完全準確，但是我非常高興。**因為他眼中看到的世界，已經不僅僅是事物的表象，還有表象背後錯綜複雜的連接關係。在日常生活中，每一件事情，都值得被思考。**這是鍛鍊洞察力最方便也是最好的機會。在這個過程中，我不是為了讓小米得出最正確的結論，而是為了讓他養成思考的本能。

結語

　　每一件事物，都有它的本質。但是大部分人卻只能看到表象。普通人看到的是一支手錶，而優秀的人看到的，是手錶背後的幾百個零件。

　　普通人看到的是一次合作，而優秀的人看到的，是背後的利益分配、風險轉嫁。

　　普通的人看到的是一個團隊，而優秀的人看到的，是團隊裡錯綜複雜的責權、利。

　　透過表象看本質，是頂尖高手的基本功。

　　就像那句話說的一樣：花半秒鐘看透本質的人，和花一輩子都看不清的人，注定擁有截然不同的命運。

　　想要提高洞察事物本質的能力，最基礎的，就是在日常生活中不斷練習。

　　那怎麼練習呢？

　　做任何事情的時候，都要養成一個習慣，思考一下這件事情的本質到底是什麼。遇到問題，多問幾個為什麼。你每多問一個為什麼，你就往本質多走了一層。

每一件事情的背後，都有根本的邏輯。邏輯對的事情不一定就能成，但是邏輯錯的事情幾乎成不了。我們探尋本質，其實就是在尋找那條邏輯對的道路。先找到事物的本質，然後在邏輯對的道路上一路狂奔，才能事半功倍。

從零維到五維的思考

我發現有的人遇到問題，很快就想明白了，有的人需要很久才想明白，也有人可能想不明白。

為什麼？因為思考維度不一樣。

關於思考維度，我有一些思考，想和你分享。

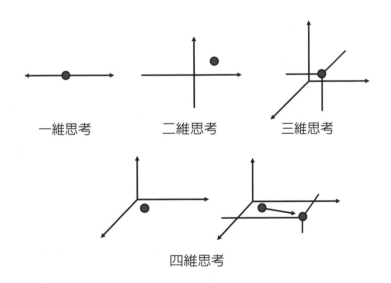

一維思考　　　　二維思考　　　　三維思考

四維思考

一維思考

不要用戰術的勤奮，掩蓋戰略的懶惰。

什麼是一維思考？

我們先從空間的角度來看，一維空間，就是一條線上的所有點組成的空間。只有長度，沒有寬度，也沒有深度。

回到思考維度上，一維思考，可以看作基於「線」的思考，它關注的是戰略層面。

舉個例子。下象棋，就是一個考驗戰略思考的方法。

你需要考慮下一步該怎麼走，你的每一個動作，每一個戰術，都會影響到最後的結果。

你要根據對方的行為，判斷他的戰略是什麼，並做出相應的調整。

但在棋盤上，一旦你找到了合適的路，你只能前進或後退。

作為戰略顧問，我的工作，就是幫企業找到合適的路。

一旦找到了這條路，你就帶著員工前進，在這條路上，你只有前進和後退兩種選擇。

這就是一維的戰略思考。你會發現，零維思考這個點上，想不明白的問題，到了一維思考這條線上，似乎沒那麼複雜了。

不過，一維思考，也僅限於線性的戰略層面，如果要跳出「線」的思考，你需要繼續升級。

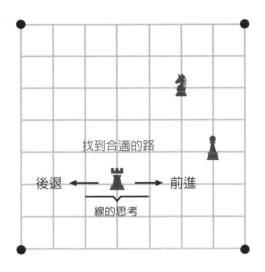

找到合適的路

後退 ←　　→ 前進

線的思考

二維思考

優秀的商業模式，都創造了全域性增量。

在擁有了一條線，也就是擁有了一維空間後，如何升級到二維呢？

可以再畫一條線，穿過原先的那條線，就構成了二維空間。二維思考，就是基於「面」的思考，是從戰略到商業模式的思考。

有一次我去廣東出差，下了飛機後，司機來接我去佛山。但是遇到了堵車，我特別著急，因為活動馬上就要開始了。

我跟司機說：「要不試試別的路？」但我又擔心別的路也堵

車。

這時候，我就在想，如果我能飛起來，看到整個路況，看明白之後，再根據實際情況選擇走哪條路該多好。

所以，戰略是線性的思考，而商業模式看的是全域。戰略的選擇，要結合商業模式層面的思考。

我非常喜歡北大魏煒教授的一個定義，他說商業模式就是利益相關者的交易結構。

什麼是利益相關者？什麼叫交易結構？

利益相關者，是和企業經營行為有聯繫的群體和個人，比如股東、員工、客戶、供應商等。

如果你畫一張圖，就能發現這些人是相互聯繫的。

如果你能從這張圖中，看出每條線之間的關係，你就會知道，移動哪條線會影響到其他的線，也知道怎麼移，才能令這張圖更井然有序。

這也就意味著，在制定一維戰略時，要站在二維商業模式的層面去思考，才能制定出更好的戰略。

三維思考

顛覆式創新，讓不可能成為可能。

三維思考，是從「平面」升級到「空間」的思考。

從商業的角度來看，如果二維思考注重的是商業模式，三維思考就是一種顛覆式創新。

比如，馬車公司的沒落，是因為出現了汽車這種顛覆式創新的產品。

比如，功能型手機的衰落，是因為出現了智慧型手機這種顛覆式創新的產品。

比如，手機訊息的失寵，是因為出現了通訊軟體這種更便捷的產品。在商業世界裡，三維思考，可以跳出事物本身，用更宏大的視角看問題。所以，通常會有一些顛覆式的創新。講個故事。

有一家圖書館新建了一棟漂亮的樓，準備整體搬遷過去，但整體搬遷的費用很高。

怎麼用盡可能少的錢，把海量的書，搬到新館去？大家想了各種搬書的辦法，都不理想。

這時有位年輕人對館長說：「我來幫你搬，只要整體搬遷費用的一半。」

館長非常開心，很快就答應了。年輕人不久在報紙上登了一則消息：「從即日起，╳╳圖書館免費、無限量向市民借閱圖書，條件是從老館借出，還到新館去……」

年輕人跳出「搬書」的思維，變成了「還書」，幾乎沒花錢，就完成了這個看似不可能完成的任務，自己也獲得了一筆不菲的酬勞。

如果把這件事看作生意，那這位年輕人透過顛覆式創新，把不可能變成了可能。

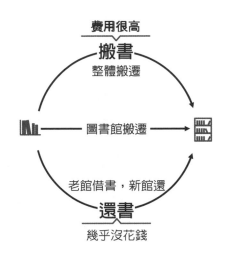

四維思考

　　原因通常不在結果附近。

　　三維思考，透過顛覆式創新，讓不可能成為可能。

　　但是，你要透過現象看到本質，還需要增加時間維度。四維思考，就是三維思考＋時間維度。

　　舉個例子。

　　桌上有一個蘋果。

　　二維思考，看到的是一個面；三維思考，看到的是整個蘋

果；四維思考，知道蘋果現在的樣子，也知道它是由一棵幼苗，經過多年長成現在的樣子，而且還能推測出，它即將變成什麼樣。

四維思考，就是在三維的基礎上，增加了時間維度，不僅能看到全域，還能沿著時間線，探尋到過去和未來。

也就是我們常說的，原因通常不在結果附近。

所以，我們要警惕一件事，**不要盲目去學習別人成功後的行為。**

比如你現在看到一家公司很成功，就去學習它現在的經營和管理方法。但這家**公司今天之所以成功，很有可能是過去做對了很多事情。你要學習的是，在它和你規模差不多的時候，做對了什麼。**

舉個例子。

2020年，寶龍集團的數據依舊非常不錯。我就問他們是怎麼做到的。難道有什麼點石成金的方法不成？

他們說，這是因為寶龍在過去2~3年，一直在營運自己的App，勤勤懇懇地把線下用戶遷移到App裡，有百萬以上的規模吧。受外部環境的影響，線下零售受到重創，只好在微信小程序[9]裡做直播帶貨。

沒想到的是，直播銷量，居然比線下實體商業平常的銷量高

9　編注：一種不需要下載安裝應用程式（App）即可使用的「簡易應用程式」。

了7倍。

我明白了，原來直播帶貨的良好發展態勢，是過去2~3年勤奮耕耘的結果。從思考維度來看，這就是我們說的遠見，三維思考＋時間維度。

但是，遠見一定會帶來好的結果嗎？也不一定。

為什麼？因為影響最終結果的，除了行為，還有機率。

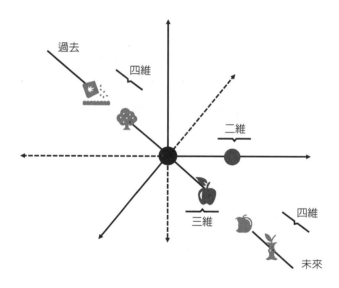

五維思考

正確的事情反覆做。

你可能聽說過這樣一句話──「永遠都要向有結果的人學習，因為結果不撒謊。」

但這句話其實是有問題的。

為什麼？因為，結果＝行為 × 機率。

五維思考，就是在四維思考的基礎上，增加了機率。

永遠向有結果的人學習，學習的是行為，卻沒有考慮到機率。我有個客戶，請我幫他梳理商業模式。於是，我們從行業趨勢，到團隊能力，聊了一個多小時。他越聊越清晰，越聊越興奮，越聊越有信心。

快結束時，我說：「好的，那下面，就交給運氣吧。」

他一愣：「為什麼還要交給運氣？還有我們沒考慮到的因素嗎？」

所謂的運氣，也就是你要堅持正確的事情反覆做，不斷增加成功的機率。微觀世界的機率疊加機率，機率嵌套機率，到了宏觀世界，就被叫作「運氣」。

為什麼我們常說「謀事在人，成事在天」？這一次天沒有幫你，只是因為機率沒有降臨。

你只要堅持「正確的事情重複做」，天不幫你，機率也會幫你。

什麼時間做對了什麼

成事在天

正確的事

結果＝行為×機率

反覆做

謀事在人

成功機率 ← 微觀 ⎰ 概念＋ ⎱ 宏觀 → 好運氣

結語

很多時候，你站的維度不同，解決問題的方式也不同。

一維思考這條「線」上，想不明白的事，到二維思考這個「平面」上，就沒那麼複雜了。

在二維思考這個「平面」上看不清的問題，在三維「空間」裡，就會看得很清晰。

有時候，看起來似乎沒有路了，突然一個顛覆式創新，又柳暗花明了。

因為三維思考的顛覆式創新，可以讓不可能成為可能。

有時候，同樣的管理方法，在有些公司效果很好，在有些公司效果則很不理想。

這時候，你要明白原因通常不在結果附近。這家公司取得的效果好，很有可能是其在很多年前做對了一件事。

一個好的商業模式，對一個好的戰略來說是降維打擊。

但是，再好的商業模式，也只有等待上帝擲完骰子，才能知道結果。

祝福你，不斷升維，站得更高，看得更遠。

打破自己的認知盲區

　　未來的優勢，都是認知的優勢。未來的競爭，都是認知的競爭。

本質思維

　　前些日子，在進化島社群，有同學向我提問：「潤總，什麼是方法論？什麼是本質？」熟悉我的同學都知道，我是個有著15年駕齡的老司機。

　　我學開車的時候，教練教我踩離合、換擋、控制油門、剎車、轉向。一開始，確實不太容易掌握，但是隨著不斷練習，越來越熟練。今天，不管多難停的車位，我都能一次倒車入位。不管在中國還是美國，我開車都非常自如，游刃有餘。

　　那麼，開了15年的車，甚至很擅長開車的我，可以說自己很懂車嗎？並不能。有一次，我的車因為一個小故障在路上拋錨，我只好打電話求助。師傅來了之後，稍微擺弄一下就好了。我還很有求知欲地問，到底出了什麼問題。他耐心解釋半天，我也耐

心聽了半天，最後完全聽不懂，心想：算了，我會開車就行。

我懂的不是「車」，而是「開車」。同樣的道理，比如你在零售業工作了15年，就真的懂這個行業嗎？未必。

很多人懂的僅僅是如何按照固定的零售邏輯「開車」，即便再有經驗，他們懂的也不是零售這輛「車」本身。而在零售這輛「車」遇到故障的時候，即商業世界發生變革的時候，理解這輛「車」本身，就顯得極其重要，即所謂的「本質思維」。

人特別容易陷入認知盲區中，以為自己已經懂了。但很多時候，你不懂的東西不會毀了你，你自以為懂實際不懂的東西才會毀了你。

比如我們總是聽到「中層無用論」。高層特別喜歡說中層無用，認為中層降低組織效率；中層特別喜歡說基層無能，認為基層不能使命必達；基層可能反而會覺得是大將無能，累死三軍。高層很大的問題，是意識不到自己有問題。很多小型企業倒閉，認為是自己市場能力不行，其實是產品不行。產品合格則足以保證公司活下來，市場能力是解決發展問題的。很多中型企業無法成長，認為是自己市場能力不行，其實是管理能力欠缺。

管理能力強，則能保證公司有調整和突破的能力。

你以為你以為的真的是你以為的嗎？我很喜歡一個詞：敬畏。對創業，對戰略，對產品，對管理，對執行，都懷有一顆敬畏之心。敬畏意味著認真。很多人都敗在思想上不夠敬畏，行為上不夠認真。

「我也可以啊！」「這有什麼難的呢？」「找幾個人做一下就行了嘛！」「他有什麼了不起的！」「已經差不多了。」……一個人過往的成功越耀眼，光環下的陰影面積就越大，固有認知通道就越頑固。同時，認知盲區也就越多。

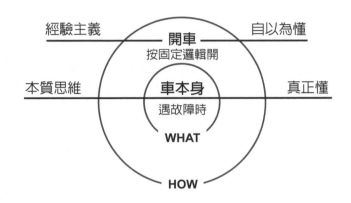

認知的三種層級

你注意不到的地方，你不知道自己不知道的，就是盲區。

有一個故事，說的是一個聽力有障礙的人看見別人放鞭炮，驚訝地說：「怎麼好好的一個捲紙花，說散就散了？」

這個故事說明，有些時候，不是因為我們觀察不細緻，而是因為我們缺少某些維度的感官，導致自己看不到這個世界更多的真相。

認知層級，從低級到高級，可以簡單分爲3級。

1.一元思維模式

以自我爲中心，幾乎聽不進其他聲音，和外界思維無法兼容，無法交流。

特點是：擅長使用槌子的人，容易把什麼東西都看成釘子。自己認爲對的，就是對的，其他都是錯的。

2.二元思維模式

能兼容兩種不同的觀點和不同的人，具備基本的邏輯思維和同理心。

特點是：雖然不同意對方的觀點，但是表示尊重。既能夠和喜歡的人相處，也能夠和厭惡的人協作共事。並不需要透過贏過別人來獲得邏輯一致。

3.多元思維模式

這個層級的人，能夠兼容外界所有的思想和觀點，可以快速取其精華，去其糟粕，並隨時提煉使用。

特點是：他們的大腦就像一個淨化黑洞，虛極靜篤[10]，源源不斷地提純吸收和消化外界的海量資訊。

不同的認知層級，都有著面積不同的認知盲區。認知越固

10　編注：取自《道德經》「致虛極，守靜篤。萬物並作，吾以觀復。」

化，就越難看見自己的盲區。

　　有一次和一個投資人聊天，聊對他投資的兩個專案的看法。我分享了一些自己的觀點。聊著聊著，聊到「從 0 到 1，從 1 到 N」。我對這個說法，一直有自己的看法。我認為現實情況是「從 0 到 10，從 10 到 1，再從 1 到 N」。

　　「從 0 到 1」指的是創新，「從 1 到N」指的是複製。但是「1」一定可以複製嗎？

　　小張「從 0 到 1」開了一家健身房，很成功，想複製。一複製就失敗。第一家健身房成功，是因為老闆鞠躬盡瘁，選址有優勢。這兩個「1」，都無法複製成「N」。

　　小張「從 0 到10」，開了10 家店後，做了10 件事後，才慢慢提煉出那個真正可複製的核心能力，可複製的那個「1」。

　　「從 10 到 1」，是「提煉可複製的核心能力」的過程。然後，你才能「從 1 到N」，複製自己。所以，不是「從 0 到 1，從 1 到N」，而是「從 0 到 10，從 10 到 1，再從 1 到N」。那個可複製的核心能力，才是本質。

　　不是老闆鞠躬盡瘁，也不是因為選址有優勢，更不是員工熱情的服務。這些都是起作用的因素，但不是核心。

　　不要被方法論蒙蔽了雙眼，以為眼見的世界，就是真實的世界。

　　對於一隻從小生活在蘋果裡的蟲子來說，世界是由蘋果構成

的，蘋果之外都是盲區。但是，蘋果就是真實世界的大小嗎？你非常清楚，並不是。

真實世界遠比一個蘋果大得多，也複雜得多。我們所認識的世界並不是世界本來的面目，只是我們認識中的世界而已。

如果你確信你看到的就是絕對正確的，別人不管說什麼都是錯誤的，那麼，你根本就沒有辦法接受對方的任何解釋，永遠無法完整地看到事物的整體。隨後，陷入認知盲區之中，痛苦焦慮，在盲區迷宮中反覆兜圈子。那麼，如何打破認知盲區呢？

一元思維	以自我為中心
	認為自己就是對的，其他都是錯的
二元思維	兼容兩種不同觀點
	具備基本邏輯與同理心，無須透過贏來獲得邏輯一致
多元思維	兼容外界所有思想和觀點
	快速取其精華去其糟粕，隨時提煉使用

打破認知盲區的正確方式

想要打破認知盲區，可以從下面 3 點開始。

1.打開自己，學會客觀辯證地看待問題

如果你在生活中留心觀察，會發現有的人在自己的觀點遭到

別人的反對之後，其第一個念頭不是思考對方的觀點是否合理，而是本能地反駁對方的觀點，甚至加以諷刺，採取人身攻擊的手段，來維護自己的立場。

我們在接受觀念時，會自動屏蔽或者抗拒與以往認知不同的觀點，以至於無法更新自己的認知。

人在面對未知的時候，都會有一種不安和恐懼，並會因此採用防禦姿態，甚至主動攻擊。

如何改變這種狀況呢？要讓自己變得越來越客觀。當你客觀起來時，你就會打開自己的內心。

當你打開內心時，你就有機會接收不一樣的觀點。

當你接收到不一樣的觀點時，你就能充分發揮自己的歸納和演繹能力。

如果你不客觀，就接收不到外在的資訊。

如果你接收不到外在的資訊，再聰明也無法進化。

2.多人之鏡，改變環境

張小龍在《微信背後的產品觀》裡說道：「人是環境的反應器。」「我們想的任何東西，都是受外界刺激的，有時覺得這是一件很悲哀的事情。」

我們的認知和思維，很大程度上是由所處的環境和圈子決定的。在同一個環境和圈子裡面待久了，你的認知就極易被固化，被環境同化。

你會慢慢意識不到，這個世界上，還可以有其他怎樣的可能性。人們無法透過已有的認知來突破盲區，因為過去的經驗、過去的認知已經局限了他們的觀念。

打破認知盲區，一般都是自我主動，並借助外力才得以實現。所以，你只有改變環境（包括生活環境、交往環境、人際圈子等），從多個高手那裡獲取新的認識（包括新觀點、新思路），反思自己的問題所在，包容吸收外界的不同意見，内部和外部融洽了，才有可能產生新的認知，打破已有的局限觀念。

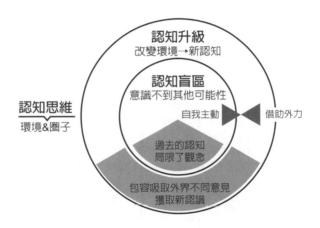

3.不偏不倚的自我認知

如果隨機調查100家正在轉型的公司，80家以上會認為：

①說起產品，我們好於多數公司；

②一路走來，我們克服了多數公司無法想像的困難；

③提到轉型，我們的狀況要比多數公司複雜。

多數人認為自己屬少數人，多數人認為自己不是普通人。不偏不倚的自我認知，是轉型的起點。

對於個體而言，同樣如此。有一次我受出版社邀請，幫一位作者的新書寫中文版序言參考。看到一張圖，覺得很值得與大家分享。

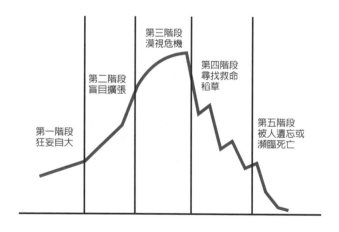

簡單來說，前三點是：被成功蒙蔽眼睛，無視風險，覺得自己可以「勝天半子[11]」；後兩點是：倉皇之下，潰不成軍，但還心存僥幸。

再簡單來說，一句話：你在商業世界裡，就是一葉孤舟[12]，升到浪尖是船的原因，但更重要的是浪的原因。

有的人成功了，很多時候是因為他踩到了**趨勢**的大潮上。如果真成功了，也得掂量掂量自己。如果你的高度是一米七，這個浪潮的高度可能有一百米。這一波浪潮起來，所有的浪都已經到了這個高度。

你可能是先知先覺踩到了這波浪潮上，有的人是後知後覺，無意中踩到的。無論如何，真的到了那個浪尖的時候，你應該搞明白，哪些是你的能力，哪些是機遇。有時候人不容易想明白這些事，很多公司做到一定規模就會犯錯誤，很難清醒。

還有很多人在沒有浪的地方非常痛苦地使蠻力，他的能力可能不差，只是沒放在浪尖上去衝浪。

小成靠努力，大成靠趨勢。成大事者，必須先有不偏不倚的自我認知。

11　編注：在《天局》小說中，主角是一個凡人，但是不甘心自己的命運被別人掌控，所以用自己的生命為棋子與神仙下棋，最終贏了神仙。

12　編注：形容漂泊在外面的人，孤寂的心情；形容勢單力薄。

結語

在進化島社群，我對同學們說：未來的優勢，都是認知的優勢；未來的競爭，都是認知的競爭。

同一件事情，你站在不同角度、高度、立場，就會有不同的觀點。

很多問題，在CEO的位置，本質上是取捨問題、優先級問題。先做這個，還是先做那個？為了誰，而犧牲誰？重視什麼，擱置什麼？

但這些問題對中層來說，就變成了能力問題。怎麼做？能做到什麼程度？流程怎麼優化？團隊怎麼激勵？

而到了底層，就變成了資源問題、體制問題、使不上力的問題，甚至是態度問題。

人與人之間的差距，在不同的高度和不同的角度，開始逐漸顯現分野。

在馬車進化到汽車的時候，如果你說，看來輪子很重要，我們在馬掌（馬蹄鐵）上裝輪子行不行？

這顯然非常不現實。你為什麼不能用汽車？是因為你有馬，

你不想把馬扔掉，你捨不得。

所以一定要先跳出來，扔掉價值觀，再重新充回去。人與人之間的差距，在於思維視角的不同。

今天你擁有的，可能恰恰是阻礙你往前走的包袱。

今天你焦慮的，可能恰恰是高度和思維視角問題。

一個人過往的成功越耀眼，光環下的陰影面積就越大，固有認知通道就越頑固。

小心你的認知盲區。

搭建人生進化系統

　　老喻，一個極致的踐行者，一個孤獨的思考者。20歲就在大學創業；1995年畢業後沒有選擇保證就業，而是孤身前往廣州；2003年開始房地產開發；2006年和以色列上市集團成立地產合資公司，2008年把其中一塊業務賣給紐約證券交易所的上市公司；2010年，全家移民加拿大。

　　而他的公眾號「孤獨大腦」，也經常探索關於人生的深度難題，成為思想的盛宴和迷宮。在許多人眼裡，他是所謂的成功人士。但他卻說，自己更喜歡「踐行者＋思考者」的人生體驗。對於時代的浪潮，既願意投身其中，又謹慎地保持一定距離。關於成功，他只是更樂於探索和分享罷了。

　　最近聽說他被邀請在「得到」開了一門新課，名字就叫《人生算法》，要和你一起探索屬於你的核心算法。我很感興趣，他這套算法，如何能讓人跨越出身、智商、背景、運氣，過好自己這一生？這不是成功學，**而是成功背後的科學方法論。**

$0 \to 0.1 \to 1 \to 10 \to 1 \to N$

什麼決定了人的成功？我問老喻，在人生的一系列算法中，哪一個決定了人能否成功？答案是：找到可複製的核心能力。很多人成功靠的是運氣，不是實力。運氣消耗光了，成功也就走遠了。原因是沒有找到自己的核心競爭力，沒能複製自己的核心競爭力。老喻說這個核心能力有兩個特點，特別重要：**第一是要足夠簡單，這樣才可以大規模複製；第二是要能構建成系統，像種子一樣生根、發芽、開花、結果，這樣才有生命力和抵抗力，不會被複製，不會太容易被別人抄走。**

他舉了一個例子，海底撈。一家能把普普通通的火鍋店做到上市的企業，背後一定有它自己的核心能力。海底撈的核心能力是什麼？你可能會說是它的服務。是你要求打包一片西瓜，服務員給你打包一整個西瓜的熱情；是你在排隊等位時，服務生會主動為你做美甲的驚喜；是你一個人獨自用餐，會在你對面擺放一隻玩具熊的體貼……是的，服務態度好是海底撈的核心競爭力。可是為什麼許多店學海底撈的極致服務，學著學著就學「死」了呢？

海底撈你學不會，真正讓你學不會的，是它的系統能力。很多人忽略了一個關鍵問題，海底撈做的是火鍋生意。火鍋是大眾都愛吃的，有很多顧客。不僅是很多顧客，還是很多回頭客。而且火鍋有辦法解決中餐最大的問題——不能標準化。中餐講究手

感，做菜時油溫要八成熱，放鹽要少許⋯⋯可是多熱叫八成熱？多少才是少許？受這個因素影響，所以中餐廳非常依賴廚師的水平，很難實現大規模複製開店。但是海底撈解決了這個問題。它用標準化的底料實現了對味道的品管，又用中央廚房提高營運效率，保證菜品新鮮，還構建了一整套數字化管理系統。

海底撈選擇可複製的品項，還有可複製的標準化營運，加上能構建成系統的服務，形成了其真正的核心能力。你走進任何一家海底撈，味道都是一樣的好吃，服務都是一樣的極致。海底撈這條深深的護城河，別人學不來，也抄不走。

我很贊同老喻關於「可複製核心能力」的看法。其實我也有一個類似的觀點，也是很多人經常問我的問題，如何實現從0到1，從1到N？我覺得這個問題實際就是在問：如何擺脫運氣的影響，一步步走向成功？**但是成功不是從0到1，從1到 N，真正的完整路徑是**：0→0.1→1→10→1→N。

為什麼？

每個人都有靈光乍現的時候，發現一個未被滿足的需求，找到一個未被解決的痛點，這時創新的火焰被點燃。這就像上帝突然摸了摸你的頭，未來一下子撞進你的眼睛裡，起心動念的瞬間變成噴湧而出的靈感。

成功的萬里長征，終於走出第一步。這是從0到0.1的跨越。

為什麼只是0.1？因為這只是想法。能把想法變成產品，才會實現0.1到1的跨越。有了成熟的產品，就來到老喻所說的尋找

「可複製的核心能力」階段，把一次成功複製成多次成功。這個階段，是從1到10。

啊？不是從1到N嗎，怎麼才到10？

不僅不是從1到10，而且我要告訴你，下一個階段，要從10退回到1。因為要去驗證這個可複製的核心能力是否正確，要小範圍地試錯。一把就能成功的，是天才。但絕大多數人都只是普通人，試錯才是最保險、穩妥的策略。從10退回到1，是在對比中提煉總結，找到真正的可複製性。這個階段，在通往成功的路上尤為重要。如果找錯了，複製得越多，死得越快。恰恰是進一步萬丈深淵，退一步海闊天空。

當我們費盡周折，終於找到「1」的核心能力時，終於可以四散開花，像細胞分裂一樣，從1到N。借助資本槓桿、團隊槓桿等工具，一路狂奔。所以從0→0.1→1→10→1→N，才是從0到1，從1到N的完整路徑。「可複製的核心能力」和「從0到1，從1到N」，都是成功路上的方法論。成功如果都靠運氣，那麼就過得太業餘了。**高手，連成功都有套路。**

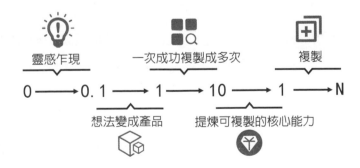

可複製的核心能力

我問老喻，既然成功有模型，那在如此多的模型中，哪一種更有效？其實我更想問的是，你的成功模型和查理‧蒙格（Charles T. Munger）的多元思維模型以及瑞‧達利歐（Ray Dalio）的「原則」，有什麼不同？只看他們的模型，可以嗎？

老喻告訴我，蒙格和達利歐的模型，是一種平行關係。一次性把所有招法平鋪在你的面前，你需要什麼就拿走。而他自己的模型，是一種上下關係，是逐漸進階的過程。**他搭建的個人進化系統，類似於圍棋裡的段位制，讓人一步步從初段小白成長為九段高手。**

我很好奇，為什麼要這樣設計？他說不管是蒙格的模型，還是達利歐的原則，其實都有一個隱含的基本前提假設——學習者是一個成熟的個體。他們假設你是一個理性的人，你是一個能獨立思考的人，你是有了足夠基礎準備的人。你已經有了一套自己的思考系統，他們能幫助你打磨得更高效，讓你提升到更高的段位。

他們是讓你從60分提升到90分，從優秀走向極致。但很遺憾的是，我們絕大多數人，目前還是非理性的，是盲從的，是還沒有做足準備的。

我們不是60分，我們可能是不及格。如何獨立思考，在我們的教育中實際上是缺失的一個模塊。大眾也是相對沒有實踐經驗

的大眾。在過去40年，我們雖然取得突飛猛進的發展，但基本上還是屬機會導向，是紅利，是機遇，是運氣。我們可能從沒認真思考過關於系統的事情。這也是爲什麼，有人看完蒙格和達利歐的書，覺得特別好，很有道理，但就是用不上，不知道怎麼用。

這不是他們寫得不好，而是我們沒有準備好。假如說我們享受的是思維模型的知識火鍋盛宴，這兩人提供的就是一盤盤特別好的菜，這些菜很好吃，很有營養。但是，等你要吃的時候，竟然發現，餐桌上連一口鍋都沒有。我們連鍋底都沒有，就想要吃火鍋，想來是特別好笑的。

他們的智慧，是散落的珍珠，他們默認我們手上拿著一根線，自己能串成精美的項鍊。但實際上，我們絕大多數人都兩手空空。

老喻說自己想做的，是先幫助大家建立一套系統思維和能力，找到那根線。自助火鍋等以後再吃，先吃一頓安排好的大餐吧。先來個冷盤，然後是濃湯，再上個主菜，最後是甜點。一步一步，一點兒一點兒進階。

老喻還說，當我們有了獨立思考的能力，就會對這兩人的內容有更深刻的理解。因爲我們會發現，自己原來的理解是錯誤的。他們更多的不是教我們如何成功，他們是教我們怎樣防止失敗。以蒙格作爲例子吧。蒙格實際上是一個科學主義者。科學主義者有一個非常重要的思維特點，就是證僞思維。

大家會覺得他的多元思考模型是很多很多兵器，我們不斷充

實自己，從頭到腳，一直武裝到自己的牙齒。但實際上，他的思維模型是用來證偽的。這些思維模型不是爲了支持你的決策，是爲了打擊你的決策。當我們做一個決策時，如果用蒙格的思維工具來找支撐，那可能就用錯了。他是要你來證偽自己，這些模型是檢查清單，你一項一項對照自己是不是哪裡可能做錯了。

這麼多模型，是這麼多不同的切面，一刀一刀切下去，最終切割成一顆漂亮的鑽石。但前提是，你手裡本來就要有一顆鑽石。老喻說自己想嘗試的，就是先幫大家找到屬自己的鑽石。

感知－認知－決策－行動

我問老喻，既然成功有方法論，形成系統的思維那麼重要，我們要怎麼訓練？從哪裡開始？

他告訴我，拆解到最小單元，從最簡單的閉環[13]開始。就像我們觀察生物時，不能用肉眼看，要用顯微鏡看，層層拆解，看到細胞的紋理和切片，甚至要研究到DNA的層面，才能對本質有理解。

怎樣算是研究到本質？老喻說自己在加拿大學習高爾夫時，教練不僅僅是教他最基本的動作，幫助他練習，更是把他擊球的

---

13 編注：「閉環」這個詞，來自 PDCA 循環（計劃（Plan）、執行（Do）、檢查（Check）、處理（Act）），又叫「戴明循環」，這是美國管理學家戴明博士提出的一個模型，用於工業時代的品質管理。

動作都錄了下來，然後用軟體一個畫面一個畫面地進行分析。分解到最微小的每個動作，針對性地訓練和提高。那麼在成功道路上，拆解到最微小又最有效的成長閉環是什麼？他告訴我，是感知—認知—決策—行動。

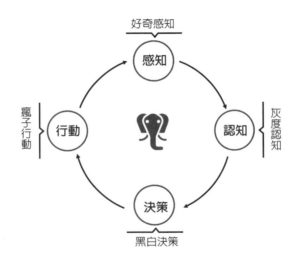

在《人生算法》課程中，老喻這樣形容這四個環節：第一環節是感知。當一件事情發生的時候，你首先要從外界去獲取資訊，這時你要充滿好奇心。第二環節是認知。你要把各種可能性都羅列出來，評估每種可能性發生的機率。這時你要能保持灰度，接受各種不同的觀點，哪怕是你不喜歡的。第三環節是決策。你必須做出黑白分明的選擇。即使你沒有把握，也要發出清晰的指令。第四環節是行動。你變成了一個堅定的執行者，就像

闖進了瓷器店的大象，要勇往直前地完成任務。這是從感知到行動最微小、最完整的閉環。

就像生物的細胞和DNA一樣，它很小，很不起眼，很容易被忽略。但就是這樣最基礎、最原始的單位，構成了人龐大的軀體。一個個小閉環，隨著時間不斷累積、堆疊，構成了我們整個人生。

我很同意老喻的觀點。很多人常常由於一個閉環沒有做好，就開始暴躁、失望。因為決定做某件事情的時候心裡預設了結果，而沒有達到時就會很惱火。可是他們忘記了，人生是一系列的決策過程，只做對一道題沒有用，要有能力去應對人生一系列的複雜難題。一次完美，換不回人生的成功。次次完成，才有機會迎來人生的圓滿。這也是為什麼我們常說，完成比完美更重要。

向下挖到最深，從認知到行動，完成一個閉環，復盤，再完成一個閉環，一環套一環，迎來螺旋式的上升。老喻把這個閉環總結為「好奇感知」「灰度認知」「黑白決策」「瘋子行動」。成功的躍遷和升級，就藏在小小的閉環裡。

增長和複利

當我們瞭解成功有方法論，也搭建了自己的系統，日日不斷地訓練之後，要怎麼應用到實際生活中，指導個人和企業的成

長？當我們一無所有，白手起家的時候，什麼東西最重要？

老喻說，回到最開始的問題，找到自己的核心能力最重要。他說自己當年在廣州時，接觸到一個朋友。這人中學都沒畢業，就跑去廣州打工。由於自身條件的限制，找個工作挺難的，三番五次碰壁之後，好不容易找到了工作，或者說在很多人看來，甚至不能算是一份工作，只是有點事情做而已——打電話拉廣告。

這是一件特別無聊、枯燥還受氣的事，好聲好氣地問候，經常被別人粗暴地掛斷，有時還被惡語相向。但這位老兄的長處就是特別有耐心，鈍感力[14]特別強，一個電話不行再打一個電話。他曾經把電話打錯了，打過去那個人根本就不是目標客戶，對方幾乎不可能投放廣告。但他還是堅持打了將近大半年的電話，硬生生用固執打動了對方。後來那家公司的老闆，還專門請他去幫他們的銷售做培訓，去講怎樣攻堅這種不可能拿下的市場。

過了很久之後再聽說這個人，他還是一直聚焦在當初的行業，在專業領域越鑽越深，最後竟然成了一家上市公司的總經理。不過他當了總經理之後，最喜歡做的還是當初那件事情——打電話。**所以，我深刻感覺到，一個人樂此不疲的地方在哪裡，就是他的優勢和天賦所在，可能就是他的核心能力。**

一個人的核心能力，就是他的價值點。我們每個人都在與這

14　編注：渡邊淳一寫的《鈍感力》中提到，鈍感力就是一種遲鈍的力量。這並非要求我們必須無視或強行接受所有的負面情緒，而是在提醒我們，不要過分敏感。

個世界做價值交換，一個人的核心能力，一定就是最不可替代的閃光點。找到核心能力之後，是增長，是複製，形成只屬自己的複利。

巴菲特老先生對於複利的描述，最深刻也最形象：人生就像滾雪球，重要的是找到很濕的雪和很長的坡。當我們好不容易累積起一個球後，就要不停往下滾。滾雪球的時候，怎樣能不偏離方向？怎樣能越滾越大？

老喻說很簡單，**延遲滿足和持續學習**。但正因爲這兩點太簡單，以至於太多人做不到。延遲滿足意味著不被眼前的利益影響，但偏偏很多人貪圖蠅頭小利，雪球滾到一半就不知道滾到哪裡去了。更可怕的是，有些雪球會倒回來滾向自己，最後把自己砸死。持續學習更是一種長期主義，學習就是那條鋪滿濕濕的雪的長長的坡。能持續學習的人，是有長期價值時間觀的人，也是能和時間及機率做朋友的人。

我問老喻，還有嗎？企業不可能基業長青，人也很難一直成功，怎麼辦？湧現，轉型。找尋下一個成功。聽到這兩個詞，我深有體會，特別贊同。我是海爾公司的戰略顧問，海爾轉型時，就用湧現的邏輯，用「生兒育女」的方式，在企業內部推行小微企業的制度。把7萬人的龐大組織，去掉1萬~ 2萬人的肥肉後，打散成2000多個小的生命體。從此他們不再是大公司的螺絲釘，他們只爲自己創業。

海爾找出其中最有潛力的團隊，透過資金支持和管理培訓等

方式提供幫助，好的苗子還能進入加速器，加速孵化和成長。也許張瑞敏[15]有一天會唏噓不已，怎麼會是「他」成功了？真沒想到！但這都不重要，海爾這麼多子女，哪一個成功，都會是海爾的成功。這就是湧現的戰略。湧現的前提，就是系統。用系統之力，湧現未來之美。個人也是一樣，湧現的邏輯，就是用「整體戰勝局部」。

老喻說成功很難設計，但是系統可以設計。若系統一直壯大發展，終有一天會跨越臨界點。跨越，就能跨界。轉型，就會成功。走好每一步，走過臨界點。成為隨機漫步的傻瓜，湧現隨機漫步的美麗。

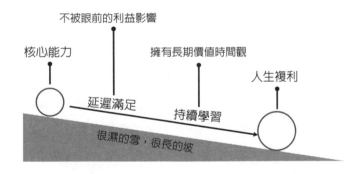

15　編注：知名品牌海爾的執行長與創辦人。在1999年曾被英國《金融時報》選為「全球三十位最受尊崇的企業家」。（取自維基百科）

結語

　　整個人生算法，就是不斷進階的進化系統。從最簡單的閉環開始，在一件件小事上積蓄力量，找到自己的核心能力，實現增長和複利，滾出自己的雪球，最終湧現出美麗，開花結果。

　　如果有人說你只要努力，就能成功，那這個人幾乎說的是「成功學」，是「雞血」。如果有人說，你要科學地努力，就有機會可以成功，那麼說的就是方法論，是科學，是「雞肉」。

　　方法論如何提高，是真正能獲得能量的雞肉。雞肉不在湯裡，不在血裡，更不能有毒。

　　告訴你有夢想就能實現的是雞湯，告訴你加倍努力的是雞血，告訴你什麼都別管，我的就是最好的是毒雞湯，告訴你如何進步的才是雞肉。有一款遊戲特別火，就叫「吃雞」。每個人都想大吉大利，但是在追尋成功的路上，要科學吃雞。

　　網上還有人說了這麼一段話，特別有意思：當你發現有一個人，你說什麼他都能夠理解，溝通很順暢，你也很享受那個過程，好像找到了人生伴侶和靈魂伴侶，但你可能只有1%的可能性找到了靈魂伴侶，99%的可能性是你遇到了一個情商和智商都

比你高的人，是某種特殊的原因令其對你使用向下兼容。

這段話的意思是，認知的確分了層次和段位，低段位的人常常很難理解高段位的人，高段位的人看低段位的人卻清清楚楚，如同透明。

我們每個人都在不斷往高段位走。如果三個月之後不覺得自己三個月之前傻得不得了，那意味著自己根本沒有成長。

成長，帶來成功。

希望每個人都能早日達到九段的高度。那個時候我們再回看過去，會淡然一笑，選擇向下兼容之前的自己。

我們也會眺望未來，距離成功越來越近，真正跨越出身、智商、背景、運氣，用科學的成功方法論，成為人生的贏家。

六種「人間遊戲」的破局之法

　　11月16日，我的企業家私董會[16]小組（領教工坊的1622小組）有幸請來李松蔚博士，做了一場主題是「人間遊戲」的精彩分享。

　　李松蔚，北京大學臨床心理學博士，資深心理諮詢師，系統式家庭諮詢專家，得到課程《跟李松蔚學心理諮詢》主理人。

　　針對我們在企業管理中可能遇到的很多複雜難題，比如，下屬什麼事都依賴你；比如，下屬推一步動一步，不說不動；比如，下屬沒有信心，被目標嚇到，感覺自己很糟糕；等等。李松蔚老師都把它們透過類比成遊戲的方式，給了我們一個有趣、新穎的解決角度。我聽後，醍醐灌頂。今天，我就把他列舉的6個遊戲，也毫無保留地分享給你，期待能給你一些幫助和啟發。

16　編注：私人董事會，是一種新興的企業家學習、交流與社交模式，其完美地把高管教練、行動學習和深度社交融合起來，核心在於匯集跨行業的企業家群體智慧，解決企業經營管理中的比較複雜而又現實的難題。（資料來源：https://reurl.cc/4jgerR）

什麼是遊戲

　　在介紹這6個遊戲之前，我們首先要定義一下什麼是遊戲。著有《人生腳本》《人間遊戲》的美國心理學專家艾瑞克·伯恩（Eric Berne）指出，角色按特定的規則形成互動，就是「遊戲」。

　　我們每個人都身處在遊戲之中，每個人總是按照自己被劃分的角色做出符合角色期待的行動。而且，我們並不是「成為」→某個角色，只是在關係中「扮演」角色，或「習慣於」扮演特定角色。用我們耳熟能詳的一句話形容就是：人在江湖，身不由己。

　　比如，作為一個管理者，你是下屬眼中有權力的人，好像很自由，可以任意發號施令。這時，你會由著自己的性子來做事嗎？不會的，因為你的一些決策會很大程度影響到這些下屬。你要為他們負責。所以，你可能會脫口而出那句：人在江湖，身不由己。

　　在艾瑞克·伯恩眼中，你是領導者，下屬是追隨者。這是你們的角色。你們按特定的規則，比如你發號施令，他高效完成；你負責找到正確的事，他負責把事做正確。這就是你們的遊戲。

　　再舉個生活中的小例子。去親戚家做客，熱情的長輩反復勸你吃蘋果，在你很認真地表示自己不餓，不想吃蘋果後，長輩一邊說著你別客氣，一邊把蘋果削好皮，最後遞到你手裡。沒辦

法，你只好接過來吃。

這個事很有趣，也是生活中很常見的一個場景。但這其實也是遊戲。在這個遊戲中，你扮演了一個懂事的客人角色，那位長輩扮演了一個懂事的主人角色。你們遵循的規則是，都給對方懂事禮貌的印象。

什麼是懂事的主人？客人說不要吃，就真不給吃了嗎？不是的。那是客人客氣，主人要再讓一讓。如果還不吃，就算了？不是的，要把蘋果削了皮遞給客人。這才是一個懂事、好客的主人應該做的事。

那懂事的客人呢？因為真不餓，不想吃，主人削了皮你也不接嗎？不是的。那太不禮貌了，太不給人家面子了。你只能接過來。這才是一個懂事、懂禮貌的客人應該做的事，即使背負「太客氣」的印象。

你看，在這個例子中，主人家是蘋果多得吃不完嗎？客人是真的太客氣了嗎？不是的。只不過，他們在這個場景裡，在這個遊戲中，不由自主地扮演了懂事的主人和懂事的客人的角色。他們也身不由己。

其實生活中還有很多類似的例子。所以，很多時候，我們做的事情，並不是我們一定要做的事。只是你處在那樣的一個關係裡面，你處在那個角色，你要符合身邊其他人對你的期待，有些事，你就不得不做。這些事，就是你角色對應的腳本。

人在江湖，身不由己。我們總是按照自己被劃分的角色，做

出符合角色期待的行動。所以，企業管理中的一些問題，你認為是某個人的問題，其實可能是關係、角色的問題，是你們所扮演的角色所運行的遊戲腳本問題，是你們的遊戲出了問題。

接下來，我就列舉6個在企業管理中常常會出問題的遊戲，並告知遇到後，我們應該怎麼辦，如何打破。一個一個來說。

是的，但是

第一個遊戲，Yes，But；是的，但是。

角色：無助者、建議者。

這個遊戲的全名是：Why don't you do something? Yes, but...建議者：你為什麼不這樣做呢？無助者：對，但是……

什麼意思？舉個例子。你的一個下屬來找你幫助解決問題。在這個遊戲裡，你是建議者，他是無助者。你給了他一個建議，說，你為什麼不試著這樣做呢？他回答你，你說得對（yes），但是（but），這種方法受種種因素的影響，所以是不可行的。

你再給他個建議，他會又告訴你，你說得對，但是，這個方法因為這樣那樣也不可行。總之，無論你（建議者）提出什麼建議，他（無助者）都會先說是的（yes），然後給出這個建議不合適的理由，把你的建議用一些合理的方式給擋（but）回去。

朋友之間也經常會玩這個遊戲。好友（無助者）向你（建議

者）尋求幫助，你掏心掏肺地把你能想到的辦法都告訴他了。他最後還是說：「你說得都對（yes），我都試過了，不行的（but）……」

為什麼會這樣？這事明明是他在負責，你是在幫他啊。因為有研究表明，很多人其實在日常工作、生活中都會去想辦法證明自己正處在一個痛苦的狀態時，自己沒有錯。

所以，當別人給出建議時，求助者聽到的其實不是建議，而是那句「你為什麼不試試」。求助者聽到這句話後，感覺受到了指責，就會證明別人的建議自己試過，沒用的。而在求助者的心裡，這樣就挫敗了那個指責自己的人。最後，證明事情沒辦好，不是自己的錯，自己沒有責任，自己是一個需要同情、需要照顧、需要安慰的對象。

這就是我們在職場裡、生活中非常普遍的一個遊戲：Yes, but遊戲。

當然，職場中的求助者（下屬）很可能並不是不想負責，只是一旦開啟了這個遊戲，他們就會不知不覺地按照這個遊戲腳本去扮演相應的角色。那遇到這種情況時，你應該怎麼辦呢？

你應該說：「這件事，我也不知道應該怎麼辦了，你是怎麼想的呢？」如果下屬說了他的想法，那你緊接著說：「哦，你還可以這麼做？這個我之前都沒想過。」這樣做了之後，你就打破了這個遊戲，下屬也就從一個無助者，覺得這事已經沒辦法完成的角色，慢慢轉變回對事情負責的角色。

爲什麼會這樣？因爲當你說出「我也不知道應該怎麼辦了，你是怎麼想的呢？」這句話的時候，就相當於你把自己放在了一個更低的位置。讓下屬覺得，針對他負責的事，他比你懂得更多，你想聽聽他的想法。而不是像最開始那樣，試著給下屬建議，還會說「你爲什麼不試試這個方法呢」。這句話會有一點點讓下屬覺得你比他高明，比他懂得更多的感覺。

　　所以，當你把位置擺低之後，你就打破了這個遊戲，讓本來就對這個事瞭解更多的他，回到負責這個事上來。

遊戲❶　是的，但是

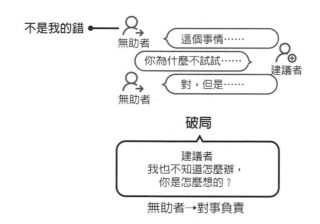

逮住你了

第二個遊戲：逮住你了。

角色：挑釁者 / 監察者、受害者。

監察者這個角色的目標就是找出犯錯的受害者。為此，他不惜放任或者勾引別人犯錯，以完成他的目標。

舉個例子。有的領導發現下屬犯的一些小錯誤，可能會造成一些不好的影響，但是他不會及時指出，而是任由事態發展，等到真的造成了一些不好的影響後，他才會出現，然後指出這個過程中你（受害者）都犯了什麼錯，給人一種「看，我逮到你了吧」的感覺。

生活中這樣的情況也很多。家長（監察者）接到老師電話，說孩子（受害者）在學校裡犯了什麼錯誤了。於是孩子回家後，家長不直接說和老師透過電話的事，而是問孩子今天在學校怎麼樣，有沒有犯錯。然後孩子說，沒有。家長的表情會特別曖昧，一副洞察天機的表情，繼續追問，真的嗎？真的沒有嗎？千萬別撒謊，要做誠實的孩子。

家長實際上在引導孩子犯更大的關於誠實的錯誤。然後，等孩子確實撒了謊後，家長再告知孩子自己和老師透過電話的真相，揭穿孩子的謊言，給人一種「看，我逮到你了吧」的感覺，然後開始批評教育孩子。這就是「逮住你了」的遊戲。

爲什麼會這樣？爲什麼管理者不及時指出下屬的錯誤，把錯誤扼殺在搖籃裡？因爲有些管理者想透過這樣的方式，樹立自己的權威。抓住了下屬的小尾巴，就可以指責、批評下屬，證明自己的光明正確。和孩子玩這個遊戲的家長，也有這樣的心理。

　　當然，對於管理者、家長（挑釁者／監察者）來說，他們很可能沒有意識到這個問題。只是一旦開啓了這個遊戲，他們就會不知不覺地按照這個遊戲腳本去扮演相應的角色。

　　應該怎麼破解這個遊戲呢？

　　這就要求管理者、家長（挑釁者／監察者），要從更高的角度去思考這個問題。只要犯了錯，雖然不是你的問題，但是，你的下屬、孩子（受害者）出問題，不也是你沒有管理好的問題嗎？

　　所以，發現有錯誤跡象，就直接提醒，把自己的擔心說出來。而且溝通的時候，坦誠相待，告訴下屬、孩子，自己和他們共同面對這個問題，不要給人「你在看笑話，逮到他們犯錯，而自己光明正確」的感覺。

遊戲 **2** 逮住你了

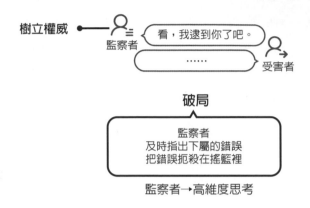

這難道不糟糕嗎？

第三個遊戲：這難道不糟糕嗎？

角色：迫害者、受害者／控訴者、知己。

這個遊戲和前面兩個遊戲不同的是，這個遊戲有三個角色。一個人（迫害者）做了一些糟糕的事，傷害到另一個人（受害者）；但是這個受害者其實不完全只是一個受害者，他會把他受傷害這個事，找另外一個人（知己）去傾訴。這時，他就不是一個受害者了，而是一個控訴者。

舉個例子。有個同事（受害者／控訴者）負責的專案沒做

好，可能是被甲方（迫害者）耽誤了，來找你（知己）訴說：「我真的很糟糕，一個專案做了大半年，結果還沒做好。」你安慰他說：「這也不能怪你，我瞭解你的專案，這是甲方內部的事。」

他接著說：「為什麼同樣的甲方，別人能做好，我卻沒做好呢？」

你繼續安慰他說：「你已經盡力了，做了很多努力。」

他說：「努力有什麼用，這麼努力都不行，別人都沒怎麼費力，還是我太糟糕了。」

在這個遊戲裡，你要不斷地給他正能量，證明他其實還不錯。但是，他就像一個無底洞，無論你給他多少正能量，他都照單全收，然後一直控訴下去，說「我很糟糕，我真的很糟糕」。

作為心理諮詢師（知己），我遇到的這種情況特別多。比如來訪者（受害者／控訴者）一上來會說：「你知道嗎？我童年連件新衣服都沒穿過。」

我說：「你現在已經很好了，事業、家庭都讓人羨慕。」他會繼續說：「我沒你看到的那麼厲害，我其實內心特別脆弱。」

這是心理諮詢師經常會遇到的情況。這個遊戲裡很有意思的部分是，其實在生活中，他本身是一個很優秀的人，但是在這個遊戲裡，他就是要把自己「打扮」成一個能力比較低的人。極端情況，有些人甚至會撒謊，編造自己犯錯、應付不來的事。

控訴者爲什麼會這樣？因爲，如果他承認他沒那麼糟糕，或者說其實還挺好的，那麼第一，知己給他的安慰、幫助，可能就沒有了；第二，他會有一種負擔，就是他之前說的那一大堆成什麼了？逗知己玩呢嗎？如果承認了，自己不就是一個不知滿足的人了嗎？

　　所以，控訴者不會承認他很強，他厲害的一面；而是要一直強調，這難道還不夠糟糕嗎？所以，這個遊戲裡眞正的受害者，其實是知己。因爲他不但要打起十二分精神聆聽傾訴者的「悲慘」故事，還要一直提供正能量的反饋。太難了。

　　其實控訴者可能並沒有那麼糟糕。只是一旦開啓了這個遊戲，他們就會不知不覺地按照這個遊戲腳本去扮演相應的角色。

　　那作爲知己，你應該怎麼做？不要順著傾訴者的話題繼續下去，停止做一個知己，停止一直給他正能量。甚至，如果對方一直讓你聽他的「悲慘」故事，你可以遠離他，堅決不要做他的「垃圾桶」。

遊戲❸ 這難道不糟糕嗎

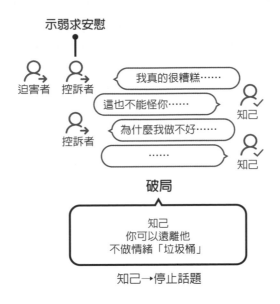

看我多努力地試過了

第四個遊戲：看我多努力地試過了。

角色：訴求者、假性訴求者、助人者。

這個遊戲裡面有兩個求助的人，一個是訴求者，另一個是假性訴求者，和兩個求助者對應的角色就是助人者。

舉個例子。有人向你反映團隊存在不公平現象。你調查後發

現，原來是某個員工的問題，活兒總做不好。為了不拖累整個團隊的進度，團隊負責人就會下場幫助這個員工完成任務。但別人都不用幫忙，他卻總被幫，其他員工就會覺得不公平了。

怎麼辦？團隊負責人（訴求者）非常想改變這種狀況，於是找你（助人者）幫忙。而那個員工（假性訴求者）說，他也特別想改變這種狀況，需要你的指導。於是，你提了很多建議，制定了一些規則，推動改變。但是過了一段時間，發現還是不行。你很挫敗，覺得這個員工真是朽木不可雕。

那個員工也很無辜，他說：「你看我多努力，都按照你說的做了，但就是不行吧。」沒辦法，你只能工資照發，先維持現狀。

為什麼會這樣？因為這個員工的訴求是假性訴求，他不是真的想改變。生活中也有很多類似的情況。比如，一對情侶遇到了一些問題，想找你幫忙調解一下。這時，其中一個人是訴求者，但是另一個人其實是假性訴求者。那個假性訴求者來找你幫忙、找你調解，完全是為了證明他是做了這個嘗試的。但是內心深處，他不認為這事還能調解好，他主意已定，其實鐵了心想分開的。所以，在這樣的情況下，你作為助人者，即使有通天的本領，也沒辦法。最終這兩人很可能還是會分開。於是，等他們分開的時候，那個假性訴求者就會說：「不是我沒努力過啊，我各種辦法都想了，也同意找著名諮詢師調解了，不也沒用嗎？」

作為助人者，你發現自己已經進入這個遊戲了，要怎麼辦？

去改變那個訴求者，而不是假性訴求者。比如，那個團隊不公平的問題，去改變那個訴求者——團隊負責人，告訴他再也不能幫那個員工做工作了。負責人可能會擔心不幫忙的話，導致任務不能完成，公司會有損失。這時，你也要咬牙幫他指出，即使有損失，也不能幫忙了。出了損失，出了問題，由那個員工負責。因為只有這樣，才能打破這個遊戲。否則，只要那個負責人表現出一點點想幫員工兜底[17]的想法，那個員工都會想盡辦法表現出「你看，我都已經努力在做了，但還是做不好」的姿態，最終仍然讓負責人負責。

17　編注：根據國語辭典解釋，兜底是「將隱情、底細全部揭露出來」。但這裡的意思是「剩餘的概括承受之意」。

遊戲❹　看我多努力地試過了

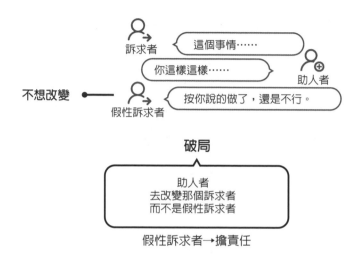

貧困

第五個遊戲：貧困。

角色：假性訴求者、助人者。

這個遊戲有點兒像前面介紹的第一個「是的，但是」遊戲。只不過，這個遊戲裡的假性求助者，說完「是的」，不會說「但是」。他會按照你的建議去做，然後過段時間，繼續來向你求

助。

　　還是舉開始那個例子。你的一個下屬（假性訴求者）來找你（助人者）幫助解決問題。你給了他一個建議。這時，他會回答你說，好的（是的），然後就按照你的建議去做了。過了一段時間，他又來找你，尋求幫助（這時，你發現，兩次的問題幾乎是同一類型）。

　　於是，你又給了他一個和上次類似的建議。他又回答你，好的。然後離開了，按照你的建議去做了。過了一段時間，他又來找你，尋求幫助。

　　總之，無論你（助人者）提出什麼建議，他（假性訴求者）都照單全收，按照你說的做。但是過段時間，還回來找你。

　　為什麼會這樣？這個和前面那個遊戲「看我多努力地試過了」其實一樣。假性訴求者內心深處就沒想解決這問題，負起這個事的責任。既然有人幫他想辦法，想問題的解決方案，那他為什麼不用呢？而且，如果按照你說的做了，出了錯，他也沒有責任。於是，就來尋求你的幫助。

　　作為助人者，你發現你已經身處在這個遊戲之中了，怎麼辦？停止。不繼續幫他了。或者問他是怎麼想的，準備怎麼做。總之就是要跳出這個遊戲，讓假性求助者真正開始負起責來。

遊戲 **5** 貧困

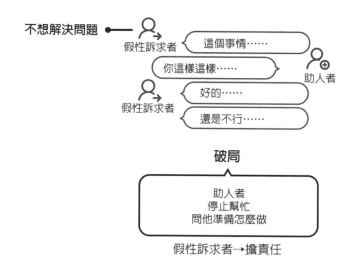

我只是想幫你

第六個遊戲：我只是想幫你。

角色：訴求者、助人者。

前面，我們講了假性訴求者和助人者的遊戲。其實，有時作為助人者，我們也會拉著對方玩一個「我只是想幫你」的遊戲。什麼意思？訴求者來找助人者尋求幫助，助人者會提供一個建議。這個建議確實有用，解決了問題。但是過一段時間，訴求者

又來找助人者。

這和第五個遊戲很像。只不過不同的是，作為助人者，你很享受這個過程，甚至還期待別人來找你請教，即使一直被問同類的問題。

為什麼會這樣？因為幫助別人有心理優勢，會讓人愉悅。

心理諮詢師有時候也會扮演這樣的角色。一對夫妻鬧彆扭了，吵架，來尋求心理諮詢，後來和好了，諮詢師很開心，又幫助到一個家庭。過了一個月，他們又來了，繼續吵。於是，繼續幫他們調解，他們又和好了。

但是，其實他們吵架的問題並沒真的解決啊，諮詢師只是在滿足自己的心理需求而已。那怎麼辦？如果你意識到作為助人者，自己已經進入了這個遊戲之中，享受幫助別人的快樂，該怎麼辦？停止。作為助人者，你一定要主動結束這個遊戲。

舉個例子。我非常尊敬的一個心理諮詢師卡爾曾經做過一個個案。也是一對夫妻，吵得不可開交。卡爾幫他們調解過幾次了，這次又來了，仍然吵得不可開交。卡爾一下子站起來，說：「我投降了，我幫不了你們了。現在請你們離開這裡，去前臺退費。我的治療，到此結束。」

那對夫妻沒辦法，就退費離開了。過了一段時間，那對夫妻又回來了，一定要把上次的費用付了。並且說，上次那次治療，是對他們最好的治療。

為什麼？他們說，他們那次在回家的路上，兩人一句話也不

說，也不吵了。終於，他們決定談談，因為連如此有名的心理諮詢師都不管了，治不了了，那他們只能靠自己了。於是，他們開始交談，最終透過他們自己解決了問題。

遊戲❻　我只是想幫你

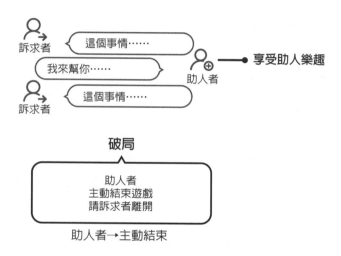

結語

　　以上就是李松蔚老師介紹的6個我們在管理中常遇到的遊戲。我們在這些遊戲中，會不知不覺地扮演一些角色。角色能降低決策複雜度，讓我們獲得成就、心理快感，避免衝突。但是遊戲也降低了人的自由度，會讓我們不知不覺按照遊戲腳本進行下去。

　　比如，那位不負責的下屬，不是沒有能力負責；那位說自己真的很糟糕的人，可能真的沒那麼糟糕。只是你們開啓的遊戲，讓其不由自主地去扮演他的角色。

　　人在江湖，身不由己。所以作爲管理者，我們在企業管理中遇到的一些問題，你原本認爲可能是某個人的問題，其實可能是關係、角色的問題，是你們扮演的角色所運行的腳本問題，是你們開啓的遊戲出了問題。

　　怎麼解決？首先你要覺察遊戲，並在必要的時候，跳出遊戲，打破遊戲。而且，在企業管理中，面對有些員工，你完全可以去做一個控制型領導，成爲一個控制型角色。但是面對另外一些員工，我們可能要做放權型、傾聽型的角色。最大的阻礙，只存在於我們頭腦中。

REPLAY
➡ 復盤時刻

1 這個世界充滿了這樣的循環，有的時候「東風壓倒西風」，而有的時候反過來「西風壓倒東風」。

2 每一件事情背後都有其邏輯。邏輯對的事情不一定就能成，但是邏輯錯的事情幾乎成不了。理解每一件事情的邏輯，找到正確的辦法，然後刻意練習。

3 穩定，就是質量。

4 原因通常不在結果附近。

5 你可能聽說過這樣一句話——「永遠都要向有結果的人學習，因爲結果不撒謊。」

6 你只要堅持「正確的事情重複做」，天不幫你，機率也會幫你。

7 小成靠努力，大成靠趨勢。成大事者，必須先有不偏不倚的自我認知。

8 但是成功不是從 0 到 1，從 1 到 N，真正的完整路徑是：0→0.1→1→10 →1→N。

9 我深刻感覺到，一個人樂此不疲的地方在哪裡，就是他的優勢和天賦所在，可能就是他的核心能力。

10 人生就像滾雪球，重要的是找到很濕的雪和很長的坡。

PART 3

贏得人生主動權

做好決策

困難越大，護城河越深

我非常喜歡一句話：**難走的路，從不擁擠**。這不僅是我信仰的理念，也是我做事的基本方式。這些年我在做諮詢的過程中，看見許多企業逐漸走向衰落。它們之前的成功很簡單 —— 起風了，它們做的是簡單的事。

那些曾經在風口上的豬，都紛紛跌落回大地。而那些之前勤勤懇懇耕耘付出的人，一直在做困難的事，熬不出頭。現在終於等來機會，扇動翅膀像鷹一樣開始突圍。這些現象，讓我對這句話，又有了更深的體悟。

下面我再次聊聊這些感悟，講講我為什麼建議你做困難的事。

簡單的事比後期

首先我們來定義一下，什麼叫「簡單的事」。舉個例子，你覺得高考是件簡單的事，還是件難的事？在我看來，高考是件簡單的事。千軍萬馬過獨木橋，怎麼是簡單的事呢？不妨想一想：

想要獲得高考這種能力，是簡單還是困難？

通常情況下，高考滿分是750分，一般來說，學習刻苦、發揮正常的話，考個400分左右都不會特別困難。你只要比別人稍微勤奮一點兒，就能考500分以上。

很多人不需要經過太多的努力，就能在高考中取得還不錯的分數，高考就叫作簡單的事。這種能力就叫作簡單的能力，因為在最開始的時候，獲得這種能力是極其簡單的。

在你剛踏入某個領域時，發現它不難，好像隨隨便便就可以取得還不錯的成績。但是，**這些簡單的事一旦進入真正的比拚環節，拚的都是後半段。**

可能一個班裡，有80%的人，高考可以考500分，但是只有10%的人可以考到 600分以上。跨過600分這條線以後，想要再提高到610分、615分……會發現甚至每提高一分都會很困難。同樣，會打羽毛球是簡單的能力還是難的能力呢？也是簡單的能力，因為只要稍加訓練，你就能接上球，還能打上幾局。

在商業世界裡，什麼是簡單的事呢？

例如，今天去某個地方進一批貨，明天再到另外一個地方把它賣掉，這就是商業世界裡簡單的事。你只要找到一個性價比高，而且很少人知道的貨源，就可以賺到中間的差價。用這種方法，或許賺不了太多的錢，但是這個過程會給你一種感覺——原來做生意並不難。

因為這類事極其簡單，一定會吸引很多人不斷地加入。與此

同時，之前就在這個領域的人會想，我已經投入這麼多了，我不想放棄。所以簡單的事情做到一定程度，再提升就變得非常困難，因為後半段的比拚異常激烈。這是做簡單的事會遇到的問題。

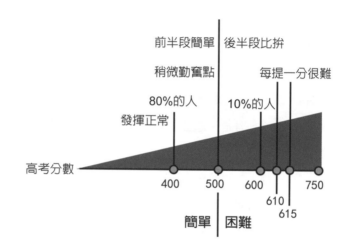

困難的事比前期

我們還有一種選擇，就是先做困難的事。例如，我今天想研發一款能夠精準識別人臉的鏡頭，這件事聽上去就非常難。但是一旦做出來，你會發現這個市場沒有幾個競爭對手。因為特別難的事大家都不願意出手，所以只要邁過了這一步，後面就可以非常輕鬆地占據很好的市場。

做困難的事情有一個好處，因為進入這個領域的人非常少，

所以在一開始的時候你可以完全沉下心來研究和嘗試，沒有人和你比較，也沒有人和你打價格戰。你要做的，就是專注地把這件事做成，後面的一切就變得非常簡單。

如果你要創業，不管你是選擇做簡單的事，還是選擇做困難的事，都需要首先分辨這兩種事情之間巨大的差別：簡單的事比後期，困難的事比前期。

在我做商業諮詢的過程中，經常發現很多人因爲一開始選擇了簡單的事，發展到一定階段後，會遭遇高強度競爭，難免不知所措。而另外一些人來找我諮詢時，只要稍微點撥一下，企業就可以突飛猛進了。因爲他已經做了很長時間難的事情，終於有一天把它攻克了。所以，如果是我，我會選擇做困難的事情。因爲所有難的事情都會越來越簡單，而簡單的事情都會越來越難。

人脈和投資，就是困難的事

既然難的事會越來越容易，那哪些事才算得上難呢？舉兩個例子——人脈和投資。

首先，建立人脈。

不要覺得你到某個地方遞一張名片就是建立人脈。只有你積累了相當長時間的能量，這些同樣有能量的人才會成爲你的人脈。我曾經寫過一篇文章，聊到我對「經營人脈」的看法。獲得人脈，難的是要製造「價值引力」，人脈不是能幫上你的人，而

是你能幫到的人。

以我如今認識的朋友爲例，這些朋友大多不是我在微軟做工程師的時候認識的。他們也是我做完了很長一段時間很難的事，在最近的兩三年才結識的朋友。

其次，堅持投資。

投資也是件特別難的事。我自己投了很多初創公司，也有一些理財方面的財務投資。爲什麼我認爲投資是一件難事呢？試想一下，如果你只有2000塊錢，投一個年化[18]5%收益的產品，一年能賺多少錢？可能你甚至覺得這個收益都不配打開電腦去操作。

你之所以覺得這樣的投資沒什麼意義，是因爲早期的基礎工作沒有做完，這個基礎工作就是本金的積累。在你的本金都沒有積累到一定程度之前，要想從財務上獲得投資收益，這基本是不可能的。所以，如果你想在投資上獲得巨大的成就，最好在早期先不要做什麼投資，而是先把投資要獲得收益的本金，積累出來。

這就是件特別難的事。

18　編注：年化報酬率，就是以「一年」爲單位，計算出你的投資報酬率。

結語

巴菲特提出了著名的護城河理論，意思是說要建立自己的壁
壘，才能保證對手打不進來。

在商業世界中，成敗的關鍵，要看是否建立了屬自己的壁
壘。

如果沒有護城河，就會像那些速成速朽的公司一樣，成為一
頭風口上的豬，風吹時起，風停時落。對於個人成長而言，做難
的事，也是在建設那道壁壘，能幫你挖掘出那條很難被逾越的護
城河。

不管是投資還是人脈，或者是其他難做的事，都需要我們想
盡一切辦法去努力積累。

這些積累一旦達到一定程度，就有機會迎來爆發，我們不用
等風來，我們自己扇動翅膀就能起飛。做簡單的事，豬紛紛落
地；做困難的事，鷹即將突圍。

頂級高手都是長期主義者

堅守長期主義，給人戰略定力

我經常喜歡說一句話：「一切商業的起點，都是消費者獲益。」我們的學員，已經聽了幾百遍了，耳朵都磨破了。但即便聽了幾百遍，我相信，還是會有一些同學表面點頭稱道，心裡暗自嘀咕：「這種漂亮話，說說而已。賺錢才是商業的起點吧。」

賺錢從來都不是商業的起點，而是終點。

有很多明星喜歡開餐廳。但常常是一開始門庭若市，稍微過一段時間就沒人去了，然後虧損關門。為什麼？「粉絲」喜愛明星，明星的影響力可以給餐廳帶來「流量」。「哇，我一定要去試試，說不定還能要個簽名呢。」可是嘗過鮮之後，有些餐廳「粉絲」再也不去了。

為什麼？因為菜品不好吃。

所以，這家餐廳沒有「回購率」。做餐廳，是流量更重要，還是回購率更重要？

當然是回購率。

餐廳開在一個固定的物理位置。它只能服務附近幾公里範圍內的有限人群。就算明星影響力再大，這個「有限人群」都來吃了第一次，但只要菜品不好吃，沒有回購率，顧客最終會越來越少，直到關門。

讓消費者獲益，也就是把菜品做好吃，是一家餐廳的起點。賺錢是自然而然的結果，是終點。

這聽上去太顯而易見了吧？誰不知道把東西做好很重要啊？是的。每個人都知道。但是當你沒有堅守長期主義，自己活下去都很困難的時候，就會在消費者獲益和自己獲益之間，無比糾結，難以取捨。

有些人不是不知道，而是做不到。他們會問：我都要死了，還管消費者？能在產品原材料上偷工減料，就立刻剋扣。能多賺一分，絕不少賺一分。

這時候，堅守長期主義，就給了你巨大的戰略定力。有了「長期主義」護身符，就可以堅定地創造「客戶價值」，從容地成長爲巨人。

關於長期主義，馮侖先生舉過一個特別生動的例子：一個油餅五毛錢成本，賣兩塊錢，能賺一塊五。一個人把錢看得很絕對，認爲多就是多，少就是少，錢很重要，所以覺得五毛錢成本太高，那能不能用低價油？成本三毛錢就行。螞蚱也是肉，爲什麼不吃？多掙兩毛錢也好啊。於是，這個炸油餅的人就會麵粉少

一點兒，油也差一點兒。

但是可能又來了一個大媽，她覺得東西還是要讓人吃了身體健康。她的心思在健康上，沒在錢上，她就用品質最好的油、最好的麵粉。同時還考慮別人拿餅的時候別燙手，再在裝油餅的紙袋上面寫幾個字，提醒顧客小心燙手。她心中有別人，結果別人都知道她做的油餅是健康的，服務是貼心的，她的生意會越來越好。

注重眼前利益的人，拚命壓榨「價值空間」，一點兒「價值空間」都不想留給對方。

注重長期主義的人，拚命退讓「價值空間」，想要把「價值空間」最大化留給對方。

注重眼前利益的人，一時賺得盆滿缽滿，未來路卻越走越窄。注重長期主義的人，一時利潤不合心意，未來路卻越走越寬。

重視長遠價值，才不會失去眼前利益

有一次，進化島社群的同學問我：「潤總，我如何才能像華為一樣成功？」我說，我對華為的瞭解很淺薄。但據我所知，華為的成功，是和以下幾點分不開的。

1.只占公司1%左右股份的任正非，用夢想和利益團結了一大批員工；

2.然後共同選擇了一條長長的、厚厚的、濕濕的雪道；

3.開始艱難地推動雪球，並堅持把每年收入的10%投入研發，滾大雪球；

4.他們就這樣艱苦地推動了32年，以奮鬥者爲本，以用戶爲中心；

5.然後上天決定，在上百個關鍵時刻，都撒上了一些運氣。最終，這個團隊走到了今天。

這位同學一聽，皺起眉頭。非要推動32年嗎？這個時代，有更有效的辦法吧？小米不是創業9年，就成了世界500強嗎？我說，我對小米也瞭解一點兒。據我所知，小米的創業，其實不止9年。

1992-2007年，雷軍做金山軟體，積累了15年的軟體經驗；

2007-2010年，雷軍做天使投資，積累了3年的資本經驗；

2010-2019年，雷軍做小米科技。雖然只有9年，但他每天睡4~5個小時，被稱爲勞模。

小米的成功，你看上去是9年的薄發，卻是即便勤奮如雷軍，也必須經歷20多年的厚積。

他說，可是，那馬雲呢？馬雲就說自己不勤奮，但是馬雲不是更成功嗎？勤奮，不如選擇重要吧……

聽到這裡，我們有必要停下來，重新審視他最開始的問題。華爲成功的路徑他嫌長，小米成功的路徑他嫌累。他想要的，其實不是成功的路徑，而是成功的結果。

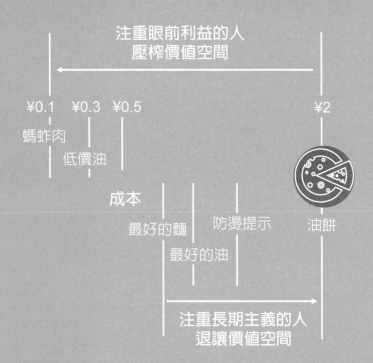

看到成功的人、成功的企業，我們羨慕，我們迫不及待地想要學習，就像很多人都想學巴菲特的價值投資。

但如果我告訴你，價值投資，讓巴菲特在50歲以後，賺到了人生99.8%的財富，估計很多人可能立刻就會問：啊？要等到50歲啊？能不能早一點兒啊？等到 50 歲，已經沒有青春去揮霍財富了呢！

很多人都想「複製」他99.8%的財富這個結果，而不是學習他從10~50歲這一路走來的過程。甚至連這個過程之中，是否果斷放棄眼前的豐厚利益，內心都要猶豫、煎熬。犧牲眼前到手的利益，去換取未來更長遠的利益，這種抉擇往往極為痛苦。因為眼前的利益，所有人都看得到，長遠的利益卻很難看到。

重視長遠價值，通常不會失去眼前利益。僅僅重視眼前利益，則往往會失去長遠價值。

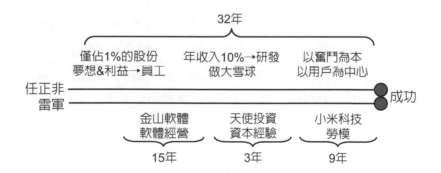

長期主義就是把一件事做到極致

關於長期主義，讓我想起一次我邀請阿里巴巴前總裁衛哲到我的企業家私董會做的分享。

衛哲說的一段話很觸動我。他說：你們都說客戶至上，但是你們開會討論什麼問題？看什麼報表？資產負債表？損益表？現金流量表？這三張表代表誰的利益？都只代表股東的利益。你們開會時只討論股東利益，憑什麼說客戶至上？

聽完這段話，我當時一震。

是啊，很多公司都在說客戶至上，但是開會看「客戶報表」嗎？你每周或者每個月，看客戶有沒有因為你而賺錢了嗎？看客戶因為你而少花錢了嗎？看客戶因為你而拿到投資甚至上市了嗎？

衛哲和我分享了一個故事。

早期阿里巴巴的主要營業業務，是透過網際網路，幫助中國供應商對接海外買家。也就是所謂B2B國際電商。他們有支強大的地推[19]團隊，被稱為「中供鐵軍」，就是做這件事的。

有一次，衛哲檢查工作時發現，有一個「鐵軍」賣了20萬的B2B國際電商服務，給一家中國本土的房地產公司。衛哲一看就知道，這個銷售一定是用了所謂「把梳子賣給和尚」的技巧，賣

19　編注：地推就是地面推廣、線下推廣，為產品或品牌線下行銷途徑的其中一種。

給了客戶一個根本就不需要的服務，從而完成自己的業績。

這時候怎麼辦？把銷售罵一頓，然後說下不為例？估計很多人都會這麼做。這麼做，就不是阿里了。

阿里怎麼做？阿里把這名銷售開除了，然後把20萬退給了客戶。進了口袋的錢退回去，是很不容易的。但是，阿里是希望大家知道：只有客戶成功，我們才能成功。否則，這個錢不是賺來的，是騙來的。

在進化島社群，我曾經分享過對於聰明人的看法。

有一次和晨興資本的劉芹聊天。聊到一個專案。他說早期就不太看好，為什麼？因為這個創始人太聰明了。

什麼意思？太聰明也不對嗎？

「聰」是聽力好，「明」是視力好。太聰明，每天都能看到各種機遇，接觸更多資源，想到各種激動人心的模式。因此，他們常常受不了誘惑，不斷撿了芝麻，丟了西瓜，在紅利和風口間上下起伏，非常容易失焦，非常容易患得患失。

而創業是把一件事堅持做到極致。一定程度的「傻」，有助於這種堅持。其實，可以看到全世界，聽到全世界，有時是一種懲罰。

結語

　　太聰明的人，需要對抗全世界。我說，那不是真正聰明的
人。

　　真正聰明的人，都在做笨的事情。

　　真正聰明的人，他們不斷在問「這件事情的本質是什麼」
「那件事情的邏輯是什麼」。

　　真正聰明的人，都會堅守長期主義。然後堅定地創造客戶價
值，給合作夥伴和消費者留出足夠的「價值空間」。

　　在商業戰場上，什麼樣的競爭對手最可怕？是認真堅守長期
主義的人，而不是聰明的人。

及時止損是打敗困境最好的辦法

眞正厲害的高手，都懂得及時止損。能及時止損抽身，回歸正軌，才是一流大智慧。

有一次去廣州出差，來到一家勢頭很猛的商業銀行，聽到一件令人嘆息的事。因爲市場信心下挫，有些銀行正面臨「高評高貸」帶來的斷供風險。

什麼叫「高評高貸」？舉個例子，老王因爲炒房，賺到了錢。他堅信房價會漲，堅信今年1000萬元的房子，明年會漲到1500萬元。一定要買。但因爲國家調控，首付要50%，就是500萬元，怎麼辦？找機構把房價估高一點兒，比如1800萬元。這樣，他50%就能貸出來900萬元。1000萬元，減去900萬元，他只需100萬元的首付，就能買到房子。這叫「高評高貸」。

房價上漲時，老王爲自己的小聰明沾沾自喜。如果房價眞漲到1500萬元，他就用100萬元本金，撬動了500萬元的收益。可是萬一在預期的時間沒有漲呢？萬一下跌呢？手上的現金流突然斷了呢？有些地方的房價，眞的下跌了；有些地方的商鋪，租不出去了。

1000萬元的房子，跌到了850萬元，老王面臨一個痛苦的抉擇：要不要爲一套價值850萬元的房子，償還900萬元的貸款？老王想用槓桿放大收益，最後卻被槓桿擊倒。人性的弱點，往往在於對未出的牌抱有過於美好的想像，驅使人們去賭未來的機會。

股市也一樣。因爲受不了「牛市」賺錢的誘惑，在起初賺了一點兒錢之後，越來越貪婪。毅然把家裡所有積蓄投進股市，隨後股市暴跌，多年的積蓄打了水漂。

該止損時，不及時止損。即使前面做對了10次，只要最後一次失敗，就可能血本無歸。我們最容易犯的錯誤：總是在牌好時孤注一擲，牌差時不及時止損。真正厲害的高手，都懂得及時止損。能及時止損抽身，回歸正軌，才是一流大智慧。

同樣道理，公司有同一批次的產品銷往全國，在某個省區質量出現嚴重問題，導致大量客戶投訴，申請退貨。這種情況下，是要對全體員工進行「質量第一」的文化建設嗎？淡化輿論嗎？不。這時，應該召回全國的產品，彌補客戶的損失。

可是，召回產品也是有成本的吧？當然。但如果不這麼做，公司聲譽將會大損，「病」會越來越嚴重，最後要你的命。管理上的錯誤就像是一種病毒，它初期的影響可能不太大。但它會一直潛伏在企業裡，等到突然暴發的時候，企業往往已經「病入膏肓」，無力止損了。犯錯不可怕，可怕的是連續犯錯，還心存僥幸，不懂得及時止損。

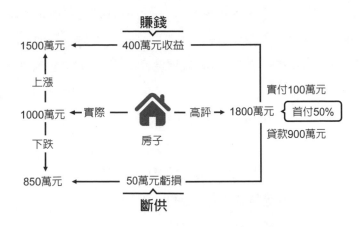

「茶杯VS竹籃」理論

有一天晚上和晨興資本的劉芹一起吃飯，談起「茶杯VS竹籃」的理論。什麼意思呢？很多人賺的是辛苦錢，進比出略快，如履薄冰，像竹籃。有些人的生意卻是個茶杯，有積累，能沉澱，雖慢但終將注滿。

做生意，除了進出流水，你一定要找到那個可以用來沉澱的容器。你的容器是什麼？你用它來沉澱什麼？很多人最大的問題是，引以為自豪的商業模式不是時間的朋友，而是時間的殺手。賺錢，是以消散核心能力為代價的。越賺錢，越虛弱，相當於飲鴆止渴。

把籃子換成容器，開始往裡面裝點滴價值，時間越長，越身

強力壯。在創業道路上，會經常面臨很多誘惑，冒出很多賺快錢的機會和所謂的合作機會，比如比特幣、金融、房地產、遊戲……如果選擇賺快錢，你便被欲望吞噬了最寶貴的資源——時間。時間本來是用來打造你的核心競爭壁壘的。所以，賺快錢猶如吸毒。在核心價值以外賺的快錢越多、越快，失去得也就越多、越快。

想一想自己手上做的事情，是可以積累核心壁壘的，還是撈一把就走的？如果是撈一把就走的，多久可以看到結果？如果很久都沒有結果，能不能及時止損抽身，回歸正軌？這一點非常重要。這就好像你花了329元，買了一個苦榴，為了不浪費，還是吃掉了。這樣你不但損失了329元，還吃了一個苦榴，又損失了時間。

其實這329元就是沉沒成本，就是你怎麼做都無法收回的成本。在沉沒成本前，我們最容易犯的錯誤就是：對沉沒成本過分眷戀，繼續投入，造成更大的虧損。

能沉澱

核心競爭力
時間的朋友

無積累

快錢誘惑
時間的殺手

結語

　　在進化島社群，曾有位同學向我提問：自己愛錯了人，又意外懷孕，男方母親得知後，說了很多諷刺難聽的話，要她打掉。一方面，她覺得孩子是無辜的；另一方面，自己30多歲的年紀也很被動。

　　想把孩子生下來自己撫養，但又是未婚單親媽媽，很害怕。男友在父母面前不夠強勢，知道母親刁難時，他很氣憤。但是有爭吵時，就覺得他媽媽說得很對。自己嫁過去可能重蹈覆轍。她特別迷茫，想諮詢一下我的意見。我一聲嘆息，可惜自己不是心理情感專家，無法給出專業意見。

　　心理學家亞科斯（Hal Arkes）曾說：「我們人生中90%的不幸，都是因為不甘心引起的。」因為不甘心，因為覺得之前付出太多了，不懂得及時止損，我們殺死了自己的未來。

　　我們做決定時，往往會念念不忘先前的投入，擔心現在的決定會讓以前的投入付諸東流，於是白白丟掉很多機會，並讓自己陷於困境。打破這一困境最好的辦法，就是及時止損。也就是我們在做決策時，不要糾結於已經無法挽回的損失。而是著眼於當下和未來，從而做出最佳的選擇。真正厲害的高手，都懂得及時止損。

人生的管理，就是目標的管理

每年年底，回憶一下，今年最重要的三個目標是什麼？制定得對嗎？如何管理？我從床上蹦起來，一再問自己這些問題，甚至列印下來貼在隨處可見的地方，存在隨手翻看的手機備忘錄裡，目的就是提醒自己，不要忘記。

從某種程度上說，人生的管理，就是目標的管理。目標管理，鎖對目標；績效管理，鎖死目標。我為自己，也為你，做了一份管理工具的大盤點。事先有沙盤，事後有復盤，請笑納。

管理目標

不重不漏，平衡目標。「君子性非異也，善假於物也。」好的工具，事半功倍。制定目標，需要先瞭解一個最基礎的法則——MECE法則[20]。一句話總結，相互獨立，完全窮盡，既不

20　編注：所謂的MECE（發音是me-see），是mutually exclusive, collectively exhaustive的縮寫，意思是「彼此獨立，互無遺漏」。（引用自「天下學習」）

重疊，也不遺漏。

假如你是一名銷售，想提高銷售額，怎麼辦？改進產品、開拓通路、網路行銷、靈活定價……這是透過4P原理對目標進行分解。在企業中，有什麼推薦的管理工具嗎？有，平衡計分卡。世界前1000位的公司中，750家都在使用。

簡單來說，就是從財務、客戶、過程、創新與學習四個維度，來綜合平衡管理企業。

你的工作，是否涵蓋了這四個維度？

因為財務指標只能單純反映過去發生的事情，對未來一無所知，無法評估前瞻性的投資。同樣，作為銷售經理，只需要想著如何提高個人業績，但如果是銷售總監，就要考慮如何帶領團隊前進。財務方面，制定銷售目標，關注收入；客戶方面，注重客戶滿意度和購買體驗，共贏是最重要的準則；過程方面，是什麼導致收入的結果，設置過程指標，控制結果；創新與學習，團隊定期培訓，案例解析，經驗分享，平衡遠近的關係。

相互獨立，完全窮盡，既不重疊，也不遺漏。共贏平衡外部與內部，因果平衡過程與結果，遠近平衡短期與長期。這是MECE法則與平衡計分卡，一個原則，一個工具，請笑納。

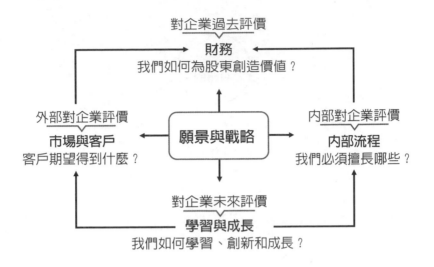

對企業過去評價

財務
我們如何為股東創造價值？

外部對企業評價
市場與客戶
客戶期望得到什麼？

願景與戰略

內部對企業評價
內部流程
我們必須擅長哪些？

對企業未來評價
學習與成長
我們如何學習、創新和成長？

制定目標

　　一把好刀，一套刀法。SMART原則最大的作用，就是讓「一千個人心中的一千個哈姆雷特」，必須變成同一個。SMART是一把好刀，無堅不摧，無往不利。

　　制定目標，舉一個很有趣的例子，想帶男／女朋友去浪漫的土耳其、東京和巴黎。暫且不說這個路線有多麼不合理了……金錢、假期、工作交接，等等，為了實現這個目標要做的準備，都做好了嗎？用 SMART 原則，怎麼做？

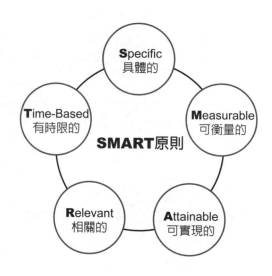

S—M—A—R—T，這 5 個字母分別代表：

Specific（具體的）；

Measurable（可衡量的）；

Attainable（可實現的）；

Relevant（相關的）；

Time-Based（有時限的）。

你的工作，能否被明確闡述？

把旅行計畫變成這樣吧——

今年我將帶著女朋友，在5月1日至15日，進行為期兩周的度假之旅。（具體的限制）

為了實現這個目標，我不得不在5月之前準備8萬元。（可衡量的時間和金錢）

我們兩個都要和同事、領導協商好工作交接、安排等事宜。（相關的）

由我女朋友在3月底前制定好詳細行程，並提前預訂機票和酒店。（具體的安排）

可能我考慮得也不是非常完備，但至少讓目標更加清晰、規範。SMART，這每一個字母，都是一把鋒利的刀，能幫助你砍掉模棱兩可，砍掉不切實際，砍掉無限拖延。這套千錘百煉的刀法，請笑納。

執行目標

制定好目標，接下來想要執行和管理目標，一定繞不過兩個管理工具——OKR 和KPI。OKR火上了天，也被誤解上了天。

OKR，是「Objectives& Key Results」的簡稱，是讓公司、團隊、個人都要設立目標，以及衡量這些目標完成與否的關鍵結果。

O是目標，KR是關鍵結果。OKR，是對業績很難數字化衡量所採用的方法。OKR不是績效考核工具，而是目標管理工具。讓無法用數字考核的團隊，透過目標的層層分解，向同一個方向前進。

如果你是職場人士，想提升自己的演講能力，如何設定OKR？目標O，是在一個月後的公司分享會上登臺演講。那關鍵結果KR呢？

第一，每天對著鏡子練習體態 30 分鐘；

第二，每天跟讀朗讀，練習語音、語調30分鐘；第三，每個星期去線下演講俱樂部實戰訓練。OKR 就是一套目標分解系統，就是這麼簡單。

OKR 是目標如何執行，而 KPI，是目標如何管理。

KPI，關鍵績效指標，再熟悉不過。拿獎金是它，扣錢的也是它，愛恨情仇全是它。

有人對KPI深惡痛絕，但這是非常重要的管理工具。KPI 有其適應性，真不應該直接丟回收紙堆。同樣，想提升自己的演講能力，如何設定KPI？

可以「簡單粗暴」一些：一個月後的公司演講比賽，勇奪桂冠。拿到冠軍，完成KPI；拿不到冠軍，沒有完成KPI。

如果說KPI是碼表，OKR就是指南針，左手根據指南針確定方向，右手拿表快速奔跑。執行和管理目標的兩大利器，請笑納。

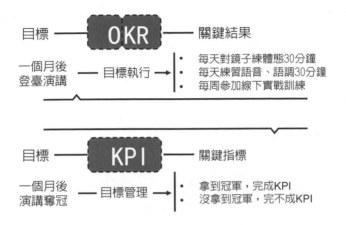

目標 ──── **OKR** ──── 關鍵結果

一個月後
登臺演講 ── 目標執行 →
　• 每天對鏡子練體態30分鐘
　• 每天練習語音、語調30分鐘
　• 每周參加線下實戰訓練

目標 ──── **KPI** ──── 關鍵指標

一個月後
演講奪冠 ── 目標管理 →
　• 拿到冠軍,完成KPI
　• 沒拿到冠軍,完不成KPI

復盤目標

　　先復盤,再翻盤。PDCA循環,有另一個響噹噹的大名 ──
戴明循環。P─D─C─A 四個字母,分別代表 ── Plan（計
畫）、Do（實施）、Check（檢查）、Action（處理）。

　　工作專案的檢查和改進同樣重要。

　　前面分享的工具,都是計畫和行動的部分,但是檢查和處
理,卻常常被忽略。每一個計畫,每一項任務,都應該像回旋鏢
一樣,飛出去,再回到手裡。可是很多人飛出去的根本不是回旋
鏢,而是弓箭,一去不回頭。

　　有計畫,有沙盤,更要有總結,有復盤。每次行動後得到的

反饋，都應該認眞總結，分析原因。你可以爲自己設立一本問題糾正手冊，一本連續成功指南，錯的絕不再犯，對的繼續複製。PDCA循環，一環套一環，像車輪一樣，循環上升。只有P和D，車子剛開到半山腰，就上不去了。加上C和A，來一腳油門，衝上山頂。先復盤，才能翻盤，請笑納。

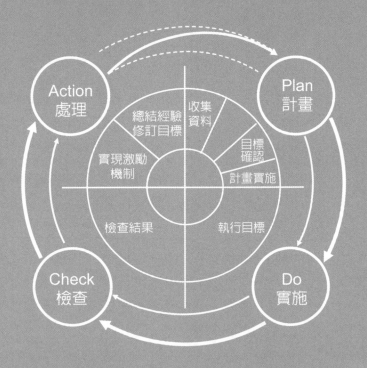

結語

　　「你在朋友圈裡又佛又喪，你在收藏夾裡偷偷地積極向上。」唐毅的這句話，在羅振宇的跨年演講後成為經典，說出了很多人的真實狀態。

　　但我相信還有一些人，他們不佛不喪，光明正大地積極向上。希望這份管理工具大盤點，能讓你事先有沙盤，事後有復盤，實現目標。

　　刀槍劍戟，斧鉞漖叉，一併給你，請收好，請笑納！

做好職業規劃，少走彎路

　　成年人要能為自己的選擇和決定負責。比如去哪座城市奮鬥，比如和哪個人在一起，比如自己的職業生涯。很多人常常期待公司能給自己做職業生涯規劃，不管是剛剛畢業的人，還是工作很久的人，都有這種想法。但這種想法，是很危險的。

　　因為公司的第一責任，是讓組織發展得更好，而不是你的職業生涯更好。這件事情，不能期待別人幫你做。想把天賦帶到哪裡，在哪間大樓辦公，和什麼人一起歡呼流淚，只有你自己可以決定。

　　但是，多數人為了逃避真正的選擇，願意做任何事情。即使想選，也不知道怎麼選。怎麼辦？前段時間，我專門訪談了古典老師。古典老師，是國內著名的職業生涯規劃師，著有《拆掉思維裡的牆》《你的生命有什麼可能》《躍遷》等超級暢銷書。

　　我問他：怎麼樣才能做出更好的職業選擇，少走一些彎路？古典老師從22歲大學畢業一直講到中年45歲，在職業生涯各個階段，給出不同的建議，令我很受啟發。下面我就把訪談古典老師的內容，分享給你。

每位學子幾乎都在高考報志願時，慎重地選擇了一項專業。大學畢業時，大部分學生並不眞的知道諮詢顧問每天做什麼，客戶經理有哪些職責，客戶服務和技術支持有什麼區別，銀行和保險有什麼不同。

　　但是，我們必須根據自己的專業，選擇一個職業。也就是說，在我們進入校門那一刻起，其實已經被分配完了──即使是在我們什麼都不知道的情況下。因此，對很多人來說，今天正在從事的職業，源自一個又一個冒失的偶然，始終錯配。

　　它並不是你最擅長的，也不一定是你最想要的。但是，事實就是這樣。古典老師和我說，大約只有30%的人畢業後找到專業相符的工作；剩下的70%，可能都是不相符的。對絕大部分人來說，從一開始，可能就錯了。你以爲自己在往東，其實是在往西。一方面，這是教育資源的巨大浪費；另一方面，也是耽誤了自己。所以，在還來得及的時候，越早對職業生涯進行定位越好。

　　我問古典老師，應該多早？古典老師回答，大三時期。

先下場

　　很多人大三都在實習。實習很重要，最好能先確定未來的大方向，對自己做好基礎的判斷。什麼判斷？自己到底是那相符的30%，還是不相符的70%。

舉個例子。你是學汽車工程的，實習的時候，看看自己是不是真的對汽車行業感興趣，是不是畢業後想接著做這份工作。如果覺得不錯，想繼續做，那能找到相符工作的機率很大，自己是那30%。但是，接下來還有一個問題：這份工作，本科系畢業後能不能直接到職？需要更高的學歷或者相關證照嗎？然後，該讀書就讀書，該考證照就考證照。

但是，如果發現不喜歡實習的工作，自己是不對口的那70%，怎麼辦？這可能是多數人的情況。古典老師說，有一個基本的打法：透過行業和部門，來確定自己的工作。

行業，可以選擇自己喜歡的，最好還是高增長的行業。這可能會決定你的成長速度和薪酬水平。因為搭電扶梯、坐電梯、搭火箭的速度是完全不一樣的。一般來說，網際網路行業，就是比報社好。電動車行業，就是比燃油車好。智慧型手機行業，就是比冰箱好。

然後，看看什麼工作適合自己。工作基本有兩種，營運和產品。問問自己：我是更適合營運，還是更適合產品。營運，更多和人打交道，例如，銷售、品牌、市場等人員。產品，更多和事打交道，例如，內容編輯、設計師等工作。透過確定行業和部門，能對自己有基礎的定位，然後去找行業內的公司。在實習中，進一步確定這份工作適不適合自己。有人會說，我本來就是不相符的70%，沒有能力和經驗，不符合招聘簡章上的要求，別人不要我怎麼辦？

其實，大部分公司的招聘要求，都是按照120分寫的。事實上，只要有80分的水準就基本可以。著急的話，60分也行。

古典老師說，重要的是先下場。只要有基本的知識和技能，就放心大膽去投簡歷，在工作中學習。但重要的是，要先下場。看是看不明白的，想也是想不清楚的。只有真正做了一份工作，有了真實的反饋，才知道自己到底適不適合。

趁著還沒畢業，試錯成本最低的時候，多實習，找到適合自己的行業和部門。所以，在大學階段，一個樸素但有效的建議是：大三儘量把學分修完，然後充分實習。在實習中，確定自己是那30%，還是70%，儘快找到適合自己的工作。

那麼，畢業進入職場之後，在每個階段，應該關注什麼？成長。

生存關

28歲之前，是職業生涯的生存期。這個階段最應該關注的，是自己的成長。成長，是一個聽上去很重要，但其實很空泛的詞。古典老師對「成長」，給出了三個層面的具體建議。

能力、認知、心力。

舉個例子。假如你是做私域流量[21]（Private Traffic）的，怎

21　編注：是指具有封閉性、專屬性的管道，可以更直接接觸到消費者，不太需要額外的費用競爭流量。

樣是能力的成長？

第一是能力，又分爲「懂、精、評、帶」。

懂：你懂不懂。知道私域流量是什麼嗎？基本的技能會不會？

精：專不專精。拉到市場上比一比，能進前20%嗎？你做的私域流量，流程最好嗎？效率最高嗎？

評：評估對手。讓你評估市場上其他人的方案，誰的好，誰的不好？爲什麼好，爲什麼不好？能評估嗎？

帶：培養團隊。能不能帶領一批人出來？能不能培養出人才？

懂，是基本要求。精，是不斷鑽研。評，是向對手學習。帶，能做好管理。很多人對於工作的理解，只是「懂」，其實還有很多成長空間。

第二是認知。對客戶有沒有瞭解，對業務有沒有認識，對行業有沒有洞察。比如你做私域流量，用戶分層了嗎？爲什麼這麼分？每一類的特點是什麼？

第三是心力。是不是能從負重前行，到舉重若輕？是不是能從油鹽不進，到聞過則喜？是不是能從負面悲觀，到積極樂觀？如果沒有充分的成長，可能就會遭到社會的毒打。

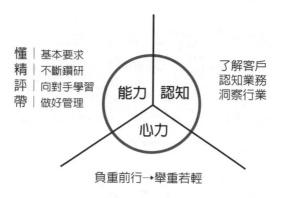

懂 | 基本要求
精 | 不斷鑽研
評 | 向對手學習
帶 | 做好管理

能力 | 認知

心力

了解客戶
認知業務
洞察行業

負重前行→舉重若輕

古典老師說，萬一被毒打了，一般就只剩下5種選擇。哪5種？

1.憋著。就這樣吧，躺倒。

2.跳槽。覺得是公司的問題，職位的問題。

3.轉行。不是換一家公司，而是換一個行業。

4.斜槓。不想有職業晉升了，做做副業。

5.努力。意識到是自己的問題，還是繼續提升自己。

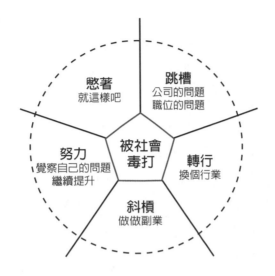

一般都會在這 5 種選擇中，來回跳兩三次。幸運的，可能找到新的定位；不幸的，可能就到了30歲，上不去了。所以，在職業生涯的生存期，要拚命成長。過了生存期，下一個階段呢？

發展關

下一個階段，在職業上升期，要加速度。加速度，就是讓自己變得越來越有價值，越來越重要。為什麼有的人在 30歲左右，有了一定的存款和收入，做到管理職，還是非常焦慮？因為沒有加速度了。爬到了一個小山頭，但是上不去了。沒有了爬坡的推背感，只有被後浪拽下來的下墜感。

任何一家公司，職業升遷通道都是有限的，只有少部分人可以一直晉升。還有一部分公司，是扁平化管理，更沒有什麼所謂的上升管道。怎麼辦？古典老師說，在職業上升期，應該要有一個洞察。

什麼洞察？本質上，不是老闆產生了職位，不是組織架構產生了職位。職位是怎麼來的？是客戶有了需求，需求倒逼出流程，流程產生了職位。職位，是客戶帶來的。所以，換一個思路，每個人其實都處在一條服務客戶的業務流上。

你的價值由什麼決定？

價值＝客戶 × 流程。

你的價值，取決於你能服務什麼樣的客戶，能在流程中扮演什麼樣的角色。因此，在職業上升期，想要獲得新的加速度，可以有一些新的思路。

1.服務最好的客戶。

2.使價值鏈中的單點價值變得越來越重要，縱向扎根深度。

3.在價值鏈中覆蓋更多的流程，橫向覆蓋寬度。

在上升期，28 ~ 35歲時，別滿足於一個小山頭，要爬坡。

單點價值深化　　　覆蓋更多流程

縱向扎根深度

價值＝用戶×流程

橫向覆蓋寬度

服務最好的用戶

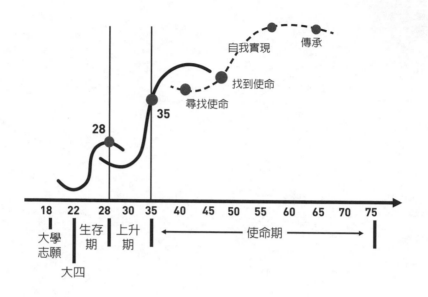

自我實現　　　傳承

找到使命

尋找使命

28

35

| 18 | 22 | 28 | 30 | 35 | 40 | 45 | 50 | 55 | 60 | 65 | 70 | 75 |

大學
志願

大四

生存
期

上升
期

←————　使命期　————→

使命關

　　過了職業上升期，下一個階段呢，什麼很重要？在使命期，
意義很重要。

　　「意義」，聽起來也是很虛的概念。但是，意義眞的很虛
嗎？你一定要相信，這個世界上有些人已經不再爲錢而工作，或
者不完全爲錢而工作。追尋工作意義的人，往往是眞正頂級優秀
的人。

　　據媒體報導，2016年，比爾・蓋茲的財富，已經達到900億
美元。900億美元，什麼概念？假如他老人家能活100歲，並且必

須在死前把所有錢都花光，那麼從現在起，他必須每天花掉600萬美元，全年無休。

當錢就像空氣、陽光、水一樣幾乎是無限供給的時候，一定有一種錢之外的需求，繼續激勵著他更努力地工作。對於有些人來說，怎麼吃飽飯是個問題。但是對於蓋茲來說，吃飽飯肯定不難，難的是怎麼改變這個世界。

當一個人開始追尋意義時，你和他說：我有個賺錢的好點子，可以讓你多賺3個億，要不要一起做？你覺得，他會心動嗎？

可能也會。但是，更讓他心動的，也許是這麼說：你是要賣一輩子糖水，還是要和我一起改變世界？

能走到使命期的人，都希望實現自己的夢想，被人們記住，在歷史上留下自己的名字。

認真、勤奮、執著、可靠……你會覺得，他們幾乎配得上所有褒義詞。假如你在使命期能找到真正的意義，那麼應該祝賀自己。

結語

聽完古典老師的分享，你有什麼感覺？在職業生涯的各個階段，都有對應的建議，給了我很多啓發。

許多人的選擇，其實是一種錯配。職業生涯的定位和思考，越早越好。

大三的時候，儘快實習，先下場。

職業生涯的生存期，拚命成長。能力、認知、心力，都要成長。職業生涯的上升期，要加速度。價值＝客戶×流程。服務最好的客戶，在價值鏈中占據更重要的位置。

職業生涯的使命期，尋找意義。自我實現的願望，能讓人走得很遠。

最後還有一條最重要的啓發，我想單獨分享給你：每個人都應該爲自己的職業生涯做選擇。因爲我們接受的教育，一直都是追求更好，更好，更好。沒得選，或者選擇有限。

畢業後，面臨人生第一次眞正的選擇，很多人非常害怕。多數人爲了逃避眞正的選擇，願意做任何事情。比如，爲了逃避而考研究所。比如，爲了逃避而出國。比如，爲了逃避而啃老。然

後，浪費了更多的時間和機會。

　　希望古典老師的分享，能讓你對職業生涯有更加清晰的認識，能讓選擇變得不那麼難，少走一些彎路。感謝古典老師。希望以上內容，能對你有所啟發。

培養戰略性思維

行業發展的三個階段

假如你是清華大學一位非常優秀的計算機系畢業生，3個公司都發給你offer，讓你去上班。一個是剛剛興起的，拿到了B輪融資的人工智慧的公司，它開的薪水不是很高，因為是創業公司，給了你一些股份。第二個是類似於百度、阿里、騰訊這樣的網際網路公司，開了相當高的薪水。第三個是一家很傳統的機構，開了不錯的薪水，你知道在那裡可以很穩定。請問，你會選擇哪一個？這是一個很重要的人生決策，這個決策背後，有一個非常重要的商業邏輯，那就是「行業規律」。

行業規律是什麼意思呢？任何一個行業的發展無外乎會經歷這麼幾個階段。

第一個階段是「人無我有」。即做出一款別人想像不到的產品，這樣便可以賣出很高的價格。完成這個階段的企業，屬創造型團隊。

第二個階段是「人有我優」。當產品在市場上廣泛鋪開的時候，不同公司之間比的是產品性能的優勢。比如，將產品的按鈕做得大一些，配色高級一些，給用戶提供良好的體驗。

第三個階段是「人優我廉」。大家都做得很好了，這個行業必然會進入第三階段，就是你必須把東西賣得很便宜。一旦開始打價格戰，說明這個行業基本上就走到頭了，再往下走沒什麼好比的了，最後就必須得轉型到另外一個行業。

個人選擇職業的時候，要做個判斷，知道那個行業基本上到了哪個階段。如果工程技術已經發展到瓶頸期了，這個時候你進去，只能伴隨它走向一個穩定的、不會有大發展的時代了。

舉個例子。比如NOKIA，2010年的時候，NOKIA手機占全球40%的市場份額。當時NOKIA的廣告是這麼說的：「你可以一天換一個彩色外殼，7天你可以用7個彩色外殼。」當一支手機開始以換殼為本的時候，這個行業工程技術的發展，差不多就算到頭了。所以，瞭解了一個行業的發展階段，就會對自己的選擇有一個預期。

本篇文章開頭提到的三家公司，如果讓我選擇，我很有可能會選擇第一家公司。因為隨著時間的推移，它會越做越好。你投入了時間和精力，可能會獲得越來越大的收益。

選擇行業，在行業中間選擇具體的某個企業，其實是在「人無我有」「人有我優」和「人優我廉」中做個選擇。

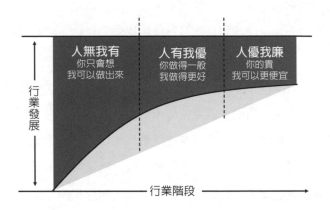

　　為什麼商業邏輯可以影響到我們的人生決策？我們在一間公司裡應該如何選擇部門呢？我們做哪件事是最有價值的呢？我們做這樣的決定的時候，就要去思考每一家公司的核心價值是由哪一個部分創造出來的。只有從事該公司核心價值部分的工作，才會在這家公司獲得長遠發展。

　　比如，寶僑（P&G）公司是做日化產品[22]的。如果你要去寶僑公司工作，應該去它的哪個部門？其實，寶僑最核心的部門是行銷。洗髮精真正的強項在於它透過各種各樣的行銷手段，最終影響了消費者的認知。所以，如果你要在寶僑公司獲得長遠發展，就必須得去做市場，就必須走品牌，必須在這方面培養你的核心能力。而在微軟，最核心的部門是工程師部門，最重要的是產品。如果你是個做IT的技術人員，在寶僑和微軟之間應該如何

22　編注：即日常用化工品產業，如洗潔精、洗髮精、牙膏、美容化妝品等。

選擇呢？很明顯，你應該選擇微軟。如果是奇異公司（General Electric Company，簡稱GE），它最核心的，真正創造價值的，最大的收入來源是金融部門，所以你要真正掌握金融投資能力和併購能力。

當你理解了一個公司核心的商業邏輯，它最重要的創造價值的部分，你就有機會去選擇你在那個公司裡面占據哪個位置會是最有發展的。反過來說，如果你擁有了一種能力，就會知道擁有這種能力應該去哪一個行業，去哪一個公司會對你未來的發展是最有幫助的。其實每一個選擇背後都有商業邏輯，希望大家可以透過對商業的洞察，對人與人之間每一個交易的理解，做出一些真正聰明的決定。

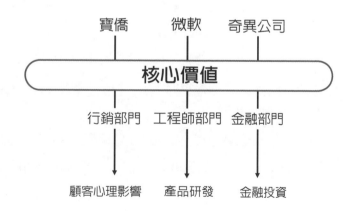

戰略思考能力

老闆眞正擅長的是制定戰略。他能選擇正確的方向，選擇正確的商業模式，選擇正確的打法，所以他可以做老闆。作爲一個員工，作爲一個手工藝人，不管做什麼，都要培養自己的戰略能力。

其實很多人對別人成功是特別關注的，大家很想研究別人是怎麼成功的。但在這一點上，我特別想提醒大家，在心理學中──其實也是經濟學中一個非常重要的概念──「倖存者偏見」。

往往那些成功的企業家不知道自己是怎麼成功的，但是他們特別喜歡到處講自己是怎麼成功的。這個時候如果你沒有獨立的戰略思考能力，你聽了，很有可能就相信了，之後你用這樣的方法來指導自己，但未必能夠獲得成功。

如何才能獲得持續的成功呢？你必須擁有戰略思考的能力。如何具備這種能力呢？下面舉幾個例子，具體講講每個公司到底應該怎樣具備這種能力。

2005年很長的一段時間裡，我組建了一個名爲國際青年成就（Junior Achievement）的公益組織，擔任其中國區的理事。當時看了很多的公益專案，發現公益這行業很有意思，大家熱情高漲，發自內心地要把一件事做好，但是缺乏戰略思維。比如，有些公益機構發出倡導人們捐書的通知，在休假日跑到地鐵口擺攤

收書。通常來說，人們會把家裡的四大名著和小學課本捐過去。因為那些書一直在家裡放著沒人看，扔了又覺得可惜，於是就會拿出去捐贈。所以，山區裡面的小孩子收到的全部是四大名著和小學課本，但也沒人看。

後來有一個機構，有更好的戰略思維。這個機構找了當時的知名連鎖品牌真維斯服飾談合作。真維斯有好幾千家門店，可以作為持續的捐書點。這樣一來，匹配效率就提高了很多，就不需要在休假日碰運氣式地去找書了。

還有個公益機構具有很有效的戰略思維，他們是這麼做的：負責人直接去了某圖書館，與館長談好，圖書館所有需要清理的舊書，由該公益機構運到山區。這樣一來，既幫圖書館省去了以往處理舊書所耗費的錢財，又為山區的孩子提供了多種品項的圖書。即便是做公益事業，如果你具備了獨立的戰略思考能力，就有機會做出非凡的成就。有一些公益事業雖然是發自內心的，即便創造了社會價值，但是因為沒有戰略思考，所以可能比不上其消耗的社會價值。

如何具備這種能力呢？具體分為兩點。

第一點，養成一種系統化的思考能力。什麼叫系統化思考能力？即學會關聯地思考問題、整體地思考問題、動態地思考問題。

當你看到桌子，看到地板，看到的不是桌子和地板，而是桌子和地板之間的關係，因為重力這個要素，它們碰到了一起，這

叫作關聯地思考問題。

　　炎熱的夏季，一個房間裡有20個人，空調開熱一點兒裡面的人就會出來一些，這叫整體地思考問題。即當你看到一個系統時，用輸入和輸出的邏輯去理解一切的事情，而不是要去影響裡面的每一個要素。

　　動態思考問題的邏輯是，把時間軸納入考慮要素中。

　　有一本名為How Google Works的書，中文翻譯為《Google模式》（天下雜誌出版）。我曾在這本書裡看到一句話，說Google之所以能獲得今天的成功，最大的原因是它一直在雇全世界最優秀的人。看到這句話之後，我就知道這明顯是犯了「倖存者偏見」的錯誤，即成功的人總是認為自己成功的原因是那些「高、大、上」的要素，因為自己雇了最優秀的人，所以成功了。

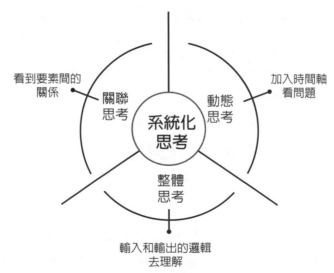

可是在Google還沒有成功的時候，根本就沒人相信它未來會成功，那時候它根本找不到所謂最優秀的人。馬雲在阿里早期的時候，說過這麼一句話：「只要看到路上不殘疾的人，就全都拉到阿里來工作。」馬雲在早期到哪兒去找優秀的人？恰恰是這些在今天的眼光看來未必是最優秀的人，創造了阿里的成功。

Google成功之後，那些所謂優秀的人才陸陸續續因為它的成功而加入，然後不斷迭代往前走。Google和阿里早期的成功不是因為找到了最優秀的人，而是因為選擇了正確的技術和正確的商業模式。

如果將時間軸納入考慮要素中，就會知道：要學2000年的Google，要學2003年的淘寶，要學1985年的微軟。把時間軸加進去之後，你才會理解一件事情的因果、邏輯和關係，才會有一個獨立的戰略思維。

第二點是因果律。

比如，一按開關，燈就亮了，這是一個因果關係。比如，一旦有巨大的用戶資源，就可以把流量變現，這也是因果關係。比如，你手上有個特別好的產品，交通一旦發達就可以賣到全中國，這還是因果關係。

如果你心中存儲了無數的因果關係，再加上系統性的思維，你就有機會在任何一個可能性的結果出現之後具有一個真正的歸因能力，這就是一種獨立的戰略思考。

有了這種戰略思考，你可能會超越你的同事，超越你的經

理，用一種「上帝視角」來看待問題。這個時候你就有一種與上司平等對話的能力，未來甚至會比他更成功。

三種槓桿

我想談一個關鍵詞——槓桿。「槓桿」在經濟學中是一個非常重要的詞，但是為什麼把它放在我要談的話題中？因為一個人拚命努力單純是為了改善現狀也好，還是為了實現財務自由也罷，他必須得應用槓桿。

舉個例子。當你在打工的時候，你其實是把自己的時間出售給了公司，你跟公司之間是某種時間買賣的合約關係。所以在這種合約關係之下，你的時間單價有可能跟別人不同，你的時間單價可能會很高，你非常貴。比如說你是個自由職業者，你幫別人理髮或者你做諮詢師、醫師，不管你做什麼，你其實買賣的都是一種最基本的資源，或者說其實你唯一可以買賣的最基本的資源就是你的專業。

專業

第一種槓桿，也是最基本的槓桿，叫作專業。怎樣才能稱得上專業？同樣一件事，你比別人做得好，因此也有把握開出較高的條件，這就叫作槓桿。人一旦有了專業性的槓桿之後，就可以讓單價比別人高，但是它有一個限制，這個限制羅振宇曾經說

過，每一個人的時間最終是有限的。一個人一天可能工作8個小時或16個小時，但是不能工作24個小時。所以，年輕的時候千萬不要去想這個問題，因果關係不要顛倒。

很多年輕人會想，今年公司付我多少錢，付我這個錢我就做這個工作，付我那個錢我就做那個工作。恰恰相反，你應該把公司付你的錢只當成一個額外的贈送，當成一個福利，你真正獲得的價值是讓你的專業性槓桿獲得極大的提升。在這個階段，努力讓自己變得更專業，才有走向財務自由的資本。

管理

一個人的時間畢竟是有限的，所以需要借助別人的時間，也就是說，要利用團隊來工作。這個時候你就會成為一個企業主，或者成為一個管理者，也便擁有了一個巨大的槓桿——管理。管10個人，這個槓桿就乘以10；管2000個人，槓桿就乘以2000；管3萬人，槓桿就乘以3萬。在這個階段，你一旦擁有真正的管人的能力，你的槓桿就被無限地放大了。

如何才能擁有管人的能力？我稍微舉幾個例子來說管人這件事。人生的第一個管理問題（一定是這個）就是員工不如你，這是經常會遇到的一個挑戰。所以你從一個員工成長為經理了，你的那些同事為什麼沒有來做這個經理？是因為他們不如你。所以員工不如你，是一個經常遇到的情況。可是員工不如你的時候，他們做著做著，你總是覺得做得不好啊，怎麼能做成這個樣子，

於是你說：「放著，我來。」這四個字，就說明你始終沒有跳出一個利用「人」這個資源做槓桿的基本框架，你始終是把自己作為一個專業的人在培養，而沒有作為一個管理者在培養。

我2001年開始在微軟做管理，一直到2013年離開，大概做了12年的經理人。我第一次做管理的時候，我的老闆給了我非常大的觸動，給了我特別特別大的幫助。有一次我們辦了一個大活動，大活動結束之後我要寫一份報告，寄到美國去。因為那份報告特別重要，所以我十分緊張。我把那份全英文的報告寫完之後，發給了我的老闆一封長長的電子郵件。老闆在報告上做了詳細的批注，我按照他的意見改好後又發給他，他再次做了批注，就這樣來來回回改了好多次，直到第二天早上七點鐘，我才將郵件寄往美國。

如今想到這件事，我真的特別感激我的老闆。為什麼？因為他其實花了跟我同樣多的時間修改那份報告。從效率的角度來說，他幫我改一遍是最省時間的，但是他不改。他不改的目的是什麼？就是要幫助我成長。最後只有我獲得了成長，我才能真正幫他去做這方面的事，他才能成為一個管理者。我認為他是一個真正的管理者。很多的管理者一開始沒有辦法接受「員工不如我」這樣的事實，沒有辦法把自己從一個真正的執行者拉到一個管理者的身分。若想成為一名合格的管理者，一定要做好這個基本的轉變。

我再舉個例子。人要利用人和團隊這個槓桿來做事，獲得真

正的財富積累。今天很多的創業者從大公司出來之後都特別喜歡說一句話：「如果有一天我自己創業，絕對不能像Google這麼管公司，絕對不能像微軟那麼管公司……」我聽過太多這樣的說法。他們總覺得Google和微軟那麼大的公司管理起來是有問題的。有人覺得，羅輯思維只有30人的時候多好啊，如今有180人了，管理起來就很有挑戰。

但是公司終究要發展，總有一天你會發現，180人的管法跟30人真不同啊！這個時候你會明白一件事，你對30人那個狀態的懷念就相當於對童年的不捨一樣。比如人到30歲的時候，再想想10歲的時候是多麼富有童真啊！但是那個時候再也回不去了。

創業公司對小規模時期的懷念，相當於人對童年階段的不捨，但終究要告別。而在這之後，管理者需要把戰略流程化、流程工具化，最終一定要分部門，一定要有KPI。很多人痛恨考核這個過程。對員工進行考核是可行的，但是考核結果會有個問題，結果一旦可以被考核的時候，它就已經發生了，業績不好就已經不好了，專案做砸就已經做砸了，所以已經沒法改變了。人只有在考核之前，才有機會影響那個尚未發生的結果。

所有公司在成熟期要經歷的這個階段，相當於個人從經理到總監所經歷的成長。具備了相應的能力，才可以成為真正的總監。

在從總監成為CEO之後，還要具備一項能力——平衡。這個世界上只有相對好的決定，只有當時平衡的決定，沒有完美的決

定。平衡是管理者到了CEO這個級別的時候心裡的一桿秤。

微軟的技術支持員工有三項非常重要的考核指標：第一項考核是一天能解決幾個技術問題；第二項考核是解決每個技術問題花了多少時間；第三項考核是解決問題的單位時間乘以當日問題的總數。

舉個例子。比如，一位工程師想在主管面前表現自己技術能力特別強，故意把解決單個問題的時長說得短一點兒。但是，這同時帶來一個問題，由於每天需要解決的問題的個數是無法預測的，所以用解決單個問題的時長乘以當日問題的總數，當天的工作總時長反而會變短。倘若為了讓主管覺得自己工作很辛苦，把解決單個問題的時長說得長一些，那麼又會被懷疑技術能力太差。

我經常會說這麼一句話：「你這不是個壞問題，但我沒有一個好答案。」身為 CEO 級別的管理者，你要明白管理最終都是平衡的藝術。

資本

當你積累了大量的人脈，從25歲工作到45歲之後呢？這個時候你要想獲得財富，你的時間乘以的槓桿，已經不再是個人的專業性，也不再是團隊的人數了，而是你的資本。所以資本是終極的槓桿，把錢投在合適的專案上，投在合適的人身上，是很多人走到最後的那一步要做的事情。但這又需要你有對商業的洞察，

以及你在管理期間積累的經驗。用這些東西，加上你積累的人脈，你才有機會讓錢生錢，資本才會產生它的價值。

實現財務自由，在單位時間內稍微做點工作就能賺很多錢，這是很多人的夢想。實現這個夢想，需要三個方面的槓桿：第一個是在專業性方面有所積累，成為所在領域最優秀的人；第二個是管理能力的積累；第三個是資本的積累，且要擁有強大的對商業和人的判斷力，把資本用在合適的專案上。

向上管理

講向上管理的時候，大家覺得向上管老闆這事真的可行嗎？其實我要講的內容並不真的叫向上管理，因為我覺得這個世界上沒有一種東西叫向上管理。我是說所有的管理本質上都是一種影響力，都是促使你影響別人。如果你擁有一種影響力的話，那你就可以影響你的老闆，影響你的下屬，影響你的同級，影響你的

合作夥伴，甚至可以影響你的客戶，影響你的家人，影響你的朋友，影響一切的人。理解了影響力的來源，才會明白管理的權力來源是什麼。

下面先講一講商業的構成，為什麼會有老闆這個概念。你想過沒有，公司制度是什麼時候開始有的？工業化時代才開始有公司這個概念，中國以前都沒有公司這個概念。所以雇員和老闆的概念是在距今不到100年的時間才產生的，那麼100年之前人們是怎麼溝通的呢？人們之間是什麼關係呢？也許是師徒制。師徒制再往前又是什麼關係呢？其實，所有的關係到最後都是一種合夥關係。

我想給大家介紹一個最基本的概念，這個世界上只有一種關係，就是基於價值的合夥關係。只有這種關係，沒有任何其他關係。

那麼，你跟你的青梅竹馬是基於價值的合夥關係嗎？當然是。為什麼？因為你從小花了20年、30年時間積累了深厚的感情，在遇到問題的時候首先找他傾訴，所以他對你是有巨大的價值的。因為有巨大的價值，所以你們就一直作為朋友合作下去了。

你跟你的家人也是嗎？你跟你的男女朋友也是嗎？你跟你的孩子也是嗎？都是的，這個世界上只有一種關係，叫基於價值的合夥關係。

所以，你要思考自己對別人的價值是什麼，如何能幫到別

人。反過來說，別人為什麼要為你幫到他而對你付出回報。這個回報可能是錢，也可能是別的東西。

很早的時候，挪威是海上貿易十分發達的國家，當時的挪威人發明了一種非常有趣的合作模式，叫作合夥人制度。有錢人出船，那些還沒有積累財富的人出力。出力的人開著船完成相應的貿易活動，把錢帶給出錢的人。雙方根據不同比例分配賺來的錢，建立一種合夥關係。

到了工業化時代，因為要買機器，做生產線、流水線，買設備，買原材料，這些都是資本換來的，所以資本在工業化時代是有巨大的話語權的，於是產生了一種不平等的關係——雇傭關係。雇傭關係在整個人類歷史上並不是一直存在的，只是存在了一小段的時間，大部分時候都是合夥關係。未來是否還會有雇傭關係呢？我相信一定還會有，但是總體來說雇傭關係中的合夥成分會越來越多。在今天這個時代，人才比資本更加重要，個人影響力逐漸擴大，所以很多公司都在推行合夥人制度。

個人的影響力來自其手中的權力，而權力無外乎分為壓力性權力和動力性權力兩種。

什麼叫壓力性權力？比如你今天有幾件事沒做好，被老闆罰款，這叫壓力性權力；若是做得好，老闆幫你加薪、加獎金，這也是壓力性權力。

表面上看去，老闆似乎有很大的權力，可以決定員工的獎懲，但是實際上，權力是由接收者來定的。員工決定聽老闆的，

老闆方可行使其權力；員工若是甩頭走人，老闆的權力則無法實施。

那麼，如何才能讓別人接受你行使權力呢？這就涉及了動力性權力。壓力性權力在某些時候可以用，但更多的時候真正的權力來自正向的鼓勵性的權力，即動力性權力。

動力性權力包括表率權和專家權。

一個嚴於律己的人，會努力把事情做到最好，進而影響到他人，即為表率權。

一個人在其工作領域是個佼佼者，諸多環節都比他人精通，可以為他人分配工作，指導他人行動，即為專家權。

人一旦擁有了表率權和專家權，就不會去糾結什麼叫向上管理，什麼叫向下管理，什麼叫向左管理，什麼叫向右管理，因為這兩種權力可以影響所有人。你會發現一旦擁有表率權，你和客戶合作的時候，彷彿你是甲方，客戶是乙方。這正是因為客戶相信你的能力。你和合作夥伴也是一樣，合作夥伴知道你非常講誠信，就會非常願意與你合作。對老闆也是一樣，你若想向上管理老闆，就要擁有表率權和專家權，表示自己有將事情做得非常好的能力。

技術高超
這是做得漂亮　專家權　影響力　表率權　嚴以律己
把事做到最好

　　如何對老闆施加自己的影響力呢？首先要跟老闆建立一種信任，這種信任是行使你的專家權和表率權的一個前提。信任怎麼去建立呢？老闆交代你一項任務，讓你第二天去見一下客戶張總，你去了之後，張總正好不在公司。回到公司之後，你千萬不要什麼都不說就結束了，或者老闆不問你你就不說了，你一定要讓他時刻保留知情權。你說：「老闆，我去的時候，張總不在公司，我見到了那個負責技術的副總。我和副總聊了半天，感覺很不錯，我們約好下周三再碰面。我覺得方案還有一些修改空間，我改完之後發給您看一下，下周三我再去見他，您看好不好？」這個時候老闆幾乎只會回你一個「好」字。當老闆給你回這個「好」字的時候，你千萬不要覺得老闆不想搭理你，那是老闆對你產生了一種信任。產生信任之後，你要存儲在他那兒的影響，最終才能把影響力拿出來用。

　　怎麼去存儲這種影響呢？要不斷讓他感受到你的專家權。在

《5分鐘商學院》裡面，我會建議很多學員經常把《5分鐘商學院》裡面一些跟管理相關的內容分享給老闆看。很多人聽完課程之後會抱怨：「你說得很好，但我老闆做不到。」但是我們本身是要求大家反求諸己，提高自己的。如果老闆做不到，你應該經常去分享你對這些問題的看法，這樣會在老闆面前存儲你的影響力。

要懂得向上溝通。向上溝通的邏輯是什麼呢？遇到問題，如果你說：「老闆，這件事我不知道該怎麼辦。您說怎麼辦？」這個時候老闆可能會說：「你回去想一想，你總得拿出幾個方案來。」一定記得，你要帶兩個或者三個方案去，千萬不要只帶問題去。帶兩三個方案去之後，老闆會說：「這三個方案聽上去都有道理啊，你覺得哪一個是合適的呀？」你應該跟你老闆說：「您以前不是經常說產品是公司關注的重點嘛，所以根據您的這個觀點，我認為第一個和第二個是更加有優勢的。」老闆一聽覺得不錯，然後就會接著問你：「那第一個、第二個裡面如果再選一個呢？」你需要向老闆說明自己的選擇，並講清楚自己所選方案會產生什麼樣的效果，可能會遇到什麼問題，以及放棄另一個方案的原因。老闆聽到這些，幾乎會被你折服。

向上管理老闆的目的並不是拍馬屁，而是因為老闆手上掌握了一些資源。你要做好一件事，需要老闆手上的資源，你只有用這樣的方法才能把老闆的資源拿過來為己所用，這樣方可影響你的老闆，影響你的員工，影響你的同事，影響你的合作夥伴，影

響你的家人，影響你的客戶，影響你周圍的所有人。

　　真正的向上管理，我認為它是個不存在的概念。這個世界上只有一種能力，就是影響力。想要獲得影響力，就要具備基於價值的合夥的那種能力。

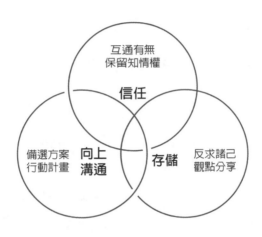

結語

用商業看行業，用行業看企業，用企業看個人。

人們天然地恐懼損失，所以會把錢存在不同的心理帳戶中。很多人依憑自己的直覺做選擇。但是精英們會打破這種直覺，用知識指導自己的行動。

你的老闆究竟比你強在哪裡？答案：戰略。因爲老闆選擇了正確的方向、打法、商業模式，所以比你成功。

學會培養自己的戰略思維。

什麼是戰略思維？比如捐書。有些機構的做法是，跑到地鐵口，號召人們捐書。聰明的公司選擇與眞維斯合作，任何時候都可以捐助。更聰明的做法是與圖書館合作，圖書館每年把要扔的舊書都捐贈出來。

REPLAY
➡ 復盤時刻

1. 我非常喜歡一句話：難走的路，從不擁擠。

2. 簡單的事比後期，困難的事比前期。

3. 如果是我，我會選擇做困難的事情。因為所有難的事情都會越來越簡單，而簡單的事情都會越來越難。

4. 賺錢從來都不是商業的起點，而是終點。

5. 而創業是把一件事堅持做到極致。
一定程度的「傻」，有助於這種堅持。

6. 我們最容易犯的錯誤：總是在牌好時孤注一擲，牌差時不及時止損。

7. 把籃子換成容器，開始往裡面裝點滴價值，時間越長，越身強力壯。

8. OKR是目標如何執行，而KPI，是目標如何管理。

9. 先復盤，再翻盤。PDCA循環，有另一個響噹噹的大名——戴明循環。P—D—C—A 四個字母，分別代表——Plan（計畫）、Do（行動）、Check（檢查）、Act（處理）。

10. 成年人要能為自己的選擇和決定負責。

PART 4

人生需要不斷地重啟

思維進化

深度思考三把刀，斬斷險阻

「要如何抓住時代熱潮，抓住變革的機會？」靠努力嗎？努力是很重要，但不是最重要的。

美團創始人王興曾經說過：多數人為了逃避真正的思考，願意做任何事情。這是很多人的狀態，行動上的勤奮，掩蓋了思維上的懶惰。

沒有方向的努力就像無頭蒼蠅，沒有目標的勤奮會四處碰壁。

唯有深度思考，才能成為你在未來披荊斬棘的武器。

進化思維

也許有人會問：「要如何抓住時代熱潮，抓住變革的機會？」或許有人會告訴你，堅持不懈地努力。我會說，不，這是一句毒雞湯。**我很害怕所有的忙，都是瞎忙。沒有方向的努力就像無頭蒼蠅，沒有目標的勤奮會四處碰壁。**

我常說要成為有上帝視角的操盤手，當你擁有了上帝視角，

才能敏銳發現世界的脈動，踏準時代的節拍。而上帝視角，就是提煉一套抽象化的思維方式，理性看待這個世界的本質問題。

而世界的本質，是流動的，是變幻的，是進化的。把歷史平鋪攤開在桌面，加上一條長長的時間軸，你就會發現世界不斷進化，我們都被推著往前走。

那些擁抱不確定性和熱愛變化的人，選擇主動走在了前頭；那些冥頑恪守、止步不前的人，就落後於時代的潮頭。

進化思維，就是接受世界在不停進化，倒逼自己協同進化。舉個例子，我們還是回到「零售」這個場景和主題。曾經，線下零售就像地心說一樣，被當作零售的本質。

後來，網路電商出現了，人們發現，線下零售原來只是零售的一種形態，並不是本質，甚至不是最有效率的一種形態。

這時，很多人開始信仰像日心說一樣的網路電商。同樣，網路電商也遇到了流量發展的瓶頸，被證明也不是本質。很多傳統線下零售商就像地心說擁護者一樣，歡欣鼓舞：你看，總算要「回歸本質」了吧。

這些揶揄和嘲諷，就是看不懂時代在進化。而且，網路電商遇到的問題，也並不能證明線下零售就是本質。

西爾斯百貨是19世紀的新零售，沃爾瑪是20世紀的新零售，小米、盒馬鮮生等公司是當前的新零售。零售一直也一定會繼續往前走。它的本質在前面，永遠不在後面。這就是「進化思維」。

看懂了公司，也就能看懂人。人也是一樣，人的思維模式、認知格局必須和生物體一樣，不斷進化，才能適應快速變化的世界。

我們今天對於世界的「新」理解，也一定會在某一天顯得很「舊」。進化，必須一步一步往前走，從不停止。

所有的新零售，都會變成舊零售；所有的新媒體，也會變成舊媒體；所有的年輕人，也將變成老年人。

加入時間軸，用俯視的眼光看待歷史的變遷，就會發現世界永遠都在進化，從不停歇。**我們必須和世界相擁，協同進化，才能一直走在路上。**

本質思維

我們特別容易被方法論帶來的成功蒙蔽雙眼，陷入歸因的謬誤，忘記什麼是本質。

如果這些特定的方法論都可以準確無誤地領著你走向成功，那麼世界上就不會有失敗者，最成功的人可能是慷慨激昂的傳銷大師。

本質思維，是我送給你披荊斬棘的第二把刀。

比如說，零售的本質，是連接人與貨的場；而場的本質，是資訊流、資金流和物流的萬千組合。比如說，你和企業的關係，本質是合夥關係，是公開市場上彼此符合心意的選擇。比如說，

你和甲方的關係，本質是稀缺資源在哪一方的關係。

不是甲方很難伺候，而是你還沒有能力，把乙方做成甲方，還沒有交易的價值。這個世界上，沒有甲方、乙方，只有交易的雙方，掌握稀缺資源的一方，就是強勢的一方。

在這裡，想看似出戲地多說一句，那你現在知道，維護伴侶關係的本質是什麼嗎？是對方認為最稀缺的資源，是關懷和時間。

所以，在個人成長上，我們需要抓住事物的本質，心態要穩，判斷要準，下手要狠。洞悉一件事物的本質，勝過走馬看花萬千皮毛。

你看，知曉事物的本質，到底有多麼令人興奮——你更能看懂一個行業，能更好地工作，你的伴侶甚至很少和你吵架了。

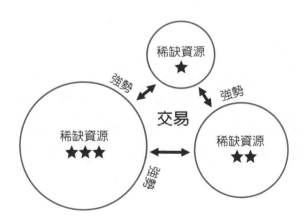

系統思維

有了不斷進化的思想，有了洞悉本質的雙眼，我們還需要什麼？構建系統的能力。

在商業世界中，我們經常大談商業模式，可究竟什麼是商業模式？所謂的商業模式，就是利益相關者的交易結構。

什麼意思？就是指在新技術、新思維條件下，交易結構發生了變化，必須有相應的系統思維與之對應，解構這些系統，優化組合，獲得新的增長動力。

是不是依然很拗口？直接用人生的商業模式來舉例吧。人生的商業模式，就是一個系統，這個系統，是能力、效率、槓桿三個要素的乘積組合。想要實現跨越，就要懂得提高自己的能力，讓人生過得有效率，善於利用槓桿。

能力

初入職場的年輕人，口袋裡沒有那麼多錢，卻有著充沛的時間。年輕人把時間統一出售批發給雇主，不僅僅要換錢，更要有能力的躍遷。

我回過頭去看自己年輕的時候，驀然發現，那些自己學過的東西，儘管學的時候不知道有沒有用，但是在未來的某個時刻，就派上了大用場。

我大學專業是數學，但我當時去廣告公司實習，做平面設

計。

後來求職的時候，我自己精心做了一份簡歷。現在的簡歷講究「薄」，當時的簡歷以「厚」為美，於是我把自己寫過的論文、各種證書、推薦信都裝訂在一起。

我特地做成彩色的，用信紙對折，膠裝裝訂。我想，這本「史記」，在人事部上百份簡歷中，一定是最別出心裁的。我一共只投了兩份簡歷，然後獲得兩個面試通知，最後挑選了其中一家公司。

如果我當時不好好學設計，只是當作一份薪水來源，就不一定能進入我嚮往的公司；同理，如果我做工程師不把解決問題的能力培養好，不把服務客戶的感覺培養好，那今天做管理諮詢就很難有強烈的同理心。

所以我會說，榨乾一切你能學習的東西，不要手軟，儘管去做！去提升自己的能力。能力，是你人生最深的護城河。

效率

我還記得，有人曾經問我，哪本書對我的影響最大。我的回答是《與成功有約》（天下文化出版），沒有之一。

對於高效的人生，我只有一句話想說：這不是枯燥機械的人生，是秩序自律煥發的美麗。效率，是你人生最穩定的助推劑。

槓桿

有一個偉大的科學家，你肯定聽說過，他叫阿基米德。阿基米德痴迷於槓桿的力量，只要給他一個支點，他能撬起整個地球。那麼，你人生的槓桿是什麼？從批發時間的打工者，到零售時間的手藝人，再到購買他人時間成立團隊的管理者——時間槓桿，能讓你控制稍縱即逝的時光。用錢生錢，投資股票、房產——金融槓桿，可以放大財富的效應。做一款驚艷的產品，自豪地說我沒有白活，我也是有故事的人——產品槓桿，可以不斷疊加能力，讓你有腳踏實地的感覺。

槓桿，是你人生最珍貴的好武器。在這所有的背後，是系統思維的底層邏輯。商業和人生，都是大系統。

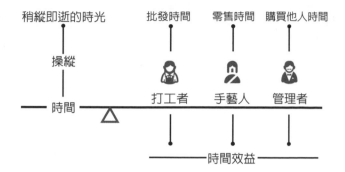

稍縱即逝的時光　　批發時間　　零售時間　　購買他人時間

操縱

時間　　　　　打工者　　手藝人　　管理者

時間效益

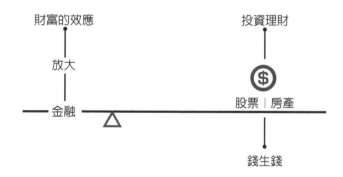

財富的效應　　　　　　　投資理財

放大

金融　　　　　　　　　股票｜房產

錢生錢

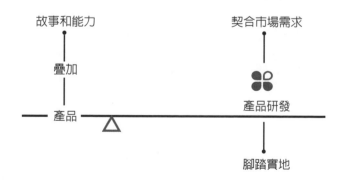

故事和能力　　　　　　契合市場需求

疊加

產品　　　　　　　　　產品研發

腳踏實地

結語

　　美團創始人王興曾經說過：多數人為了逃避真正的思考，願意做任何事情。這是很多人的狀態，行動上的勤奮，掩蓋了思維上的懶惰。希望你能用這三把刀，斬斷險阻。

　　用進化思維，接受所有你曾經信仰的東西都不是最終的完美狀態，一切都在進化；用本質思維，不斷深挖，區分方法論和本質的差別，在變革時代，基於本質尋找新的方法論；用系統思維，解構、重組所有本質的要素，吹去灰塵，重新闔上開關，看著澎湃的動力，推動你的商業模式一路飛奔。

　　求學如此，工作如此，感情也是如此。

　　人生就是如此，不斷奔走。有了好的思維模型，有了這三把刀，我相信你能走得更有方向，走得更加從容。

比認知盲區更可怕的，是你的思想鋼印

不要讓你的「思想鋼印」，阻礙你前進的步伐。

前些日子，我和兒子小米一起看了《我不是藥神》。看完後，我想聽聽面對這樣的道德困境，小米有什麼看法。於是我們認真地討論了一下。整個觀影過程，小米的情緒明顯是隨著病人在波動的。我很高興，因為他是善良的。看完後，我問小米，那個藥廠就一定邪惡嗎？小米說，不。但是如果能「不讓中間商賺差價」，也許更多病人可以被救。我也很高興，因為他有自己的商業思考。

我和小米解釋，正版藥4萬元一瓶，盜版藥2000元一瓶的原因，可能不是中間商賺差價，而是因為罕見病的高額研發費用，必須在很短的專利期從很少的人身上賺回來，以保證藥廠能賺錢，從而願意研發更多新藥。

這就幾乎必然導致了藥價很貴。

藥價昂貴，藥廠掙錢，開發新藥，但社會底層的病人就會死；藥價便宜，窮人得救，藥廠虧錢，無人研發新藥，更多人會死。

我想，這是小米第一次面對這樣左右都會有人死的道德困境。他顯然很震驚。

　　他第一次見到底層病人的絕望，而且居然可能無解。怎麼辦？保險的價值，這時候就真正體現了。

　　大量普通人在「無知之幕」後，每天多交一點點錢，可能就會救活打開大幕後，一不小心得罕見病的自己。

　　這就是保險的價值，商業的價值。這是從社會的角度思考。從個人的角度呢？

　　小米說，還是得有能讓自己獲得安全感的錢。努力變得強大，保護自己。

　　小米幼小的心靈，被真實而殘酷的社會撞了一下，希望他不會因此而害怕。相反，希望他能變得更加堅強，更加善良。

　　我對小米說，我能做到的，就是掙到讓他有安全感的錢。不要怕。而他，需要努力成長，變得強大，總有一天讓他的孩子有一樣的安全感。祝天下沒有不幸。

　　如果不可能，那就讓我們強大到足以面對一切不幸。但是，比遭遇不幸更可怕的是什麼？是「思想鋼印」。

　　不粉碎潛伏在體內的「思想鋼印」，一百個藥神降世，也無力回天。

三種思想鋼印

思想鋼印，就是思想控制。

《孫子兵法》裡強調，「不戰而屈人之兵」是戰爭的最高謀略。

一枚枚思想鋼印，就是一個個思想病毒。讓你還沒有開始嘗試戰鬥，就已經繳械投降。

當思想鋼印逐漸感染你的時候，你已經把你的命運和價值體系變成了任由別人來擺布的狀態了。

只要在人的意識中打上思想鋼印，人們就會默認某個事物，並用它來影響行為。思想鋼印有很多變種，典型的有3種。

1.無助型思想鋼印

「這沒有辦法。」「我不夠優秀。」「我沒有背景，沒有資源，不可能得到什麼好機會。」「我做不到。」「我肯定不行。」

為什麼說不粉碎潛伏在體內的思想鋼印，就算一百個藥神降世，也無力回天？

來看看隱藏在電影《我不是藥神》背後的思想鋼印：「我」只能依靠別人。

《遙遠的救世主》中有段對白講得很好：

傳統思維的死結就在一個「靠」字上，在家靠父母，出門靠

朋友，靠上帝，靠菩薩，靠皇恩。

總之靠什麼都行，就是別靠自己。

程勇被張長林威脅，把藥源讓出來，不然就要報警。程勇叫大家來喝酒吃火鍋，說：「散夥吧。」程勇要散夥，這個夥，就真的散了。黃毛少年彭浩逼問程勇，不賣藥病人就會死，一拳把酒杯砸得粉碎。老呂妻子哭訴：「求求你了，救救老呂吧，孩子不能沒有爸爸。」所有病人，一個個如喪考妣，覺得程勇斷了他們的生路。這些人忙進忙出，跑裡跑外，跳上跳下，抬來抬去，就沒一個人問問程勇，如何找到貨源，從印度把藥品運到國內，過幾道關卡，該跟誰接洽，有什麼策略。

自始至終，沒有一個人陪他走私。因為走私是犯法的，大家都知道。但是有為自己的性命，嘗試付出過一點點努力嗎？教堂老牧師和鋼管舞女郎只管搭線和賣藥，審判時，他們都坐在旁聽席上。

你說我不會英語？我沒有資金？

程勇並非英語很好，到印度也是找的翻譯；程勇並非很有錢，他只想掙錢救老爹。

最後下大獄的，只有程勇一人。而程勇，並沒有病。假藥販子張長林意味深長地說：「我賣藥這麼多年，發現這世上只有一種病，窮病。這種病你沒法治，你也治不過來。」

在無助型思想鋼印的支配下，人們潛意識裡會認為自己不行，只能聽天由命。然後想方設法證明自己真的不行，放棄努力

和嘗試，蜷縮起來，悲哀地過完一生。

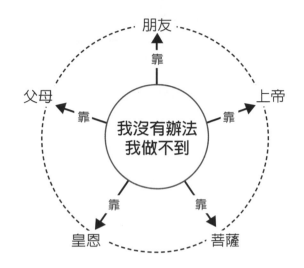

2.無望型思想鋼印

你跟他說事業，他懷疑是騙人；你跟他說學習，他說這是洗腦；你跟他說要改變，他說我這樣挺好；你跟他說要嘗試，他說萬一不成怎麼辦；你跟他說要多與人溝通，他說我不好意思；你跟他說成長是痛苦的，他說我就想歲月靜好……

一個對自己一點兒要求都沒有的人，請問他會有什麼？

他可以爲自己的行爲找出100個理由來證明他是對的，卻找不到一個理由是他需要改變的。

普通人改變結果，優秀的人改變原因，頂級優秀的人改變模

型。

可悲的人，只有情緒和逃避。

所謂無望，就是你身處「不可能」的框架裡，大腦對你的人生有太多的限制，這不可能，那不可能。

當你認定「不可能」的時候，你就不會再去嘗試，你的人生就越來越局限。而事實上，很多不可能只是我們的想像，是一種自我設限的框架。

3.無價值型思想鋼印

什麼叫無價值？就是內心總有這樣的獨白：「我做得到，但我不值得擁有。」

黃啓團老師曾經在《改變人生的談話》一書中，講述了自己的故事：「讀大學時期，由於出身貧寒，是我人生中最艱苦的時期。一個月只有60元生活費，30元獎學金，30元勤工儉學賺來。一天2塊錢，自然不夠花。食堂飯菜品類很豐富，自己每次卻只能吃4兩米飯、一勺最便宜的黃豆。同學看見後，於心不忍，就會多買一份排骨或者一份雞肉請我吃。有人請吃好東西是好事，可當年的我卻認為，這簡直就是對我的侮辱。於是，每次放學的時候，我都會故意不跟同學們一起吃飯，這樣就可以躲開同學們的熱情投餵。排骨和雞肉僅僅是我躲掉的看得見的東西，我同時躲掉的還有機會和友誼。後來研究心理學，我才搞明白，我為什麼要把好吃的往外推，因為我覺得我不值得。」

當一個人有不值得的感覺時，他就會把很多好東西都推出去。如果推出去的是一份排骨，還不用太過惋惜。如果推出去的是一見鍾情的愛人，是重要的升遷機會，是值得奮鬥一生的事業，又會如何呢？

　　一個人能力很強，很受領導的賞識，當組織想要讓他承擔更大責任，想要提拔他時，他卻退縮了。

　　一個人貪了幾個億的錢財，在一分錢都不敢花的同時，卻還是在瘋狂斂財，一旦停止腳步就驚恐萬分。

　　這是來自童年「對貧窮的恐懼」的思想鋼印已深入骨髓。日後所從事的關於錢的一切，都是為免於這種恐懼。

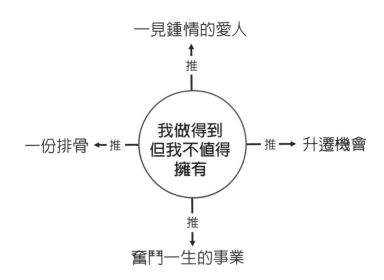

粉碎思想鋼印的正確姿勢

1.永遠不要自我設限

　　在《愛麗絲夢遊仙境》裡，有這麼一段對話：「我沒法相信！」愛麗絲說。

　　「不能嗎？」女王以憐憫的口吻說，「你再試試。做一次深呼吸，閉上眼睛。」

　　愛麗絲笑了笑。試也沒用。

　　她說：「人不可能相信不可能的事情。」

　　「那我敢說是你練習得不夠多。」女王說，「當我像你這麼大的時候，每天都練習半個小時。你知道嗎？有時候早飯還沒吃，我就已經相信六件不可能的事情了。」

　　如果你所謂的不可能，僅僅是一種可以改變的觀念，並非事實呢？試試看。

　　把「他把我氣瘋了」，改成「我可以控制自己的情緒」；把「這件事根本不可能做到」，改成「給我點兒時間讓我想想對策」；把「我不行，我學不會，我做不到」，改成「我行，我願付出不亞於任何人的努力去嘗試」；把「我做到了，我已經做得足夠好了，我盡力了」，改成「還能更好，還能更優化，還能更努力」。

　　然後，把時間和精力投入到尋找解決問題的方法上。

2.面對不確定性,選擇擁抱而不是懷疑

在進化島社群,曾經有同學向我提問:

自己36歲,步入中年,要進入一個全新的行業,特別慌,怎麼辦?

爲什麼會慌?因爲害怕失去。人到中年,除了上有老下有小,還有沒還完的房貸和車貸。現金流不敢斷,也不敢輕易離職,更別說換一個全新的行業了。中年人的慌張,我特別理解。但是能成大事的人,也許並不是這麼想的。

他們會去思考:難道保持現狀就能避免風險嗎?未來行業會不會下行?專案會不會進入瓶頸期?不去新行業的機會成本有多大?

除了慌張,他們能夠把不確定性轉化爲自己的優勢。他們會主動學習所在領域之外的知識,瞭解和自己領域無關的業務。然後做好準備,在適當的時機,進入一個全新的行業。

在面對不確定性的時候,他們會選擇主動擁抱不確定性。他們甚至會興奮,相信未來有無限可能。

他把我氣瘋了　　我可以控制情緒
我做不到　　　　我願意去嘗試

可以改變

人 不可能 相信 不可能 的事

並非事實

投入時間和精力
尋找解決問題的辦法

3.保持好奇心

那些能成大事的人，往往都保持著童年那種強烈的好奇心。正是因爲這種好奇心，驅動他們離開舒適區，獲得更多新知識，不斷拓展自己的邊界。

優秀的人是怎麼做這件事的？這件事還能做得更好嗎？這件事情背後的運行規律是什麼？

聽到跟自己意見相左的觀點，他們的第一反應不是反駁，而是產生強烈的興趣：

咦？還有這種操作？他爲什麼會這麼想？這背後有什麼合理性？

即便遇到讓自己利益受損的事情，他們的好奇心也會壓倒憤

怒，去思考：

　　這個問題背後的邏輯是什麼？解決問題的關鍵變量是什麼？最優解法是什麼？

　　只要有所收穫，他們就會獲得巨大的滿足。因為擁有強烈的好奇心，所以他們在追求成長的道路上，永不止步。也因此，他們總是樂意接受更大的挑戰，從而獲得更多機會。

結語

在進化島社群，我對同學們說：

一個在山溝裡生活的孩子，問村裡的大人，山的那邊是什麼。大人們告訴他：山的那邊還是山。

孩子不相信，爬過了一座山，是山，爬過了第二座山，果然還是山，但就在爬過第三座山後，他看到了大海。

原來，村裡的人從沒試圖爬過第三座山。

面對未知，你勇敢嘗試過嗎？你從小學樂器，古箏、鋼琴、笛子、吉他，試了很多樂器，卻屢戰屢敗。你認為你不行，你做不到，音樂不適合你。

直到你遇見了鋼琴。當美妙的音符從你的指尖流淌出來時，你才意識到，其實並不是你不適合音樂，而是你之前根本沒有遇到最適合自己的那一種樂器。

面對失敗，你堅持過嗎？我能，我行，我來，是一種態度，更是一種稀缺能力。

比認知盲區更可怕的，是你的思想鋼印。

不要讓你的思想鋼印阻礙你前進的步伐。靠自己，自強者萬強。

受益終身的七個習慣

　　《與成功有約》是我此生讀過的最好的也是對我影響最大的一本書，沒有之一。可以說，我工作中的一切成績，都源於我讀完這本書之後養成的七個習慣。下面把這七個習慣分享出來。

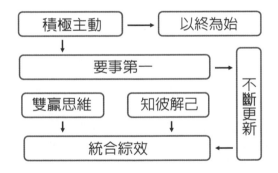

積極主動

　　在生活中，你也許會聽到這樣的感嘆：「他把我氣瘋了，但是我也沒有辦法」「要是我的妻子能更耐心點兒就好了」「我沒

有選擇，我只能這樣做」……這些想法都很消極。

可問題是，這些真的是事實嗎？別人說了不客氣的話是事實，妻子不夠耐心也許也是事實。但是，這些事實讓人沒有了選擇，所以不得不這麼做，卻未必是事實。這些話，其實都是在推卸責任，表示自己沒有責任，是命運、基因、環境決定了現狀，才讓自己無路可走。

消極，就是把苦難的責任，推卸給命運、基因、環境，然後怨天尤人，尋找心理宣洩，但對現實沒有任何幫助。它就像一塊巨石一樣，把你和你周圍的人一直往下拉，一直往下拉，直到沉入海底。

所以，在消極的時候，你必須一把奪回自己的選擇權，就算看上去再不可能，也要相信自己可以做出積極的改變。

那麼，怎麼才能做到積極主動呢？

第一，在刺激和回應之間，給自己思考的時間。

別人提了一個大膽的提案，你脫口而出「不可能」。他的提案是一項「刺激」，「不可能」是你的回應。這個時候，先別著急下定論，在刺激和回應之間，至少給自己30秒鐘時間想一想。真的不可能嗎？有沒有其他的辦法呢？他的提案中，有沒有一點點合理之處？如果增加別的資源，還是不可能嗎？試著不斷問自己這些問題，積極地尋找解決方案。別小看這短短的30秒鐘，它能幫你從情緒手中一把奪回選擇權，然後交給理性和價值觀。

第二，用積極的語言，替代消極的語言。

你說：「他把我氣瘋了。」你心裡其實是在想：是他的責任，他控制了我的情緒。你把生氣的責任推卸給別人。試著選擇說：「我可以控制自己的情緒。」消極的語言，就是在一遍一遍地推卸責任。你會一遍一遍幫自己洗腦，變得更加自怨自艾。而如果你選擇用積極的語言去代替消極的語言，你會發現，神奇的事情發生了：所有的事情，其實都沒有你想像中的那麼無可救藥。

第三，縮小關注圈，擴大影響圈。

你關心事業、經濟甚至世界局勢，這是「關注圈」。但關注圈中的有些事，是你無法影響的。比如公司被迫倒閉，比如老闆給你降薪。關注圈中那些你可以影響和控制的小圈，叫作「影響圈」。

怎麼才能積極主動？把時間和精力專注在影響圈上。比如，你無法阻止老闆給自己降薪，但是可以增強自己的專業能力。接受你不能改變的，然後去改變你能改變的，**把所有的精力都放在那些你能夠改變的事情上。**

以終為始

想像一下，如果你要蓋一棟大樓，應該怎麼開始？

跟你的工人們說：「兄弟們，跟我上！做起來再說！」

這顯然是不行的。**蓋大樓，一定要先設計（主體設計、外牆**

設計、景觀設計、室內設計），繪製建築施工圖、結構施工圖、設備施工圖。一切設計都完成之後，再開始。這就是以終為始。

　　你心中一定要有那個「終」，你才知道應該怎麼「始」。做任何事情，都要以終為始。

　　首先要確定目標。對於個人而言，明確自己的人生使命是什麼；對於企業而言，清楚企業的願景是什麼；對於專案而言，明確成功標準是什麼。

　　然後要確定一些基本的原則，列出詳細的計畫，確定每一步應該怎麼做。

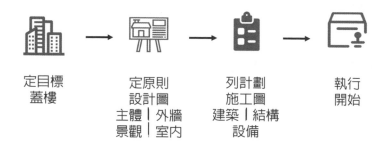

要事第一

要事第一，就是要按照優先級來做事情。先給事情排優先級，再按優先級把事情放進日程表。比如，你現在最重要的事是寫論文，因爲完不成論文就沒法畢業。第二重要的事是健身，因爲身體是革命的本錢。第三重要的事是學英語，因爲下個季度就要考試了。

把所有的事情按優先級列成清單之後，再把它們放入日程表。比如，寫論文是最重要的，所以每天上午的9點到12點，雷打不動，必須在這段時間內寫論文，不能被任何事情干擾；健身是第二重要的，每周一、三、五，13點到14點，去健身房鍛鍊。

如何爲事情排優先級呢？可以把「緊急、不緊急」作爲橫軸，「重要、不重要」作爲縱軸，畫一個二維四象限圖。

這樣就得到了四個象限：

第一象限，重要且緊急事件；

第二象限，重要不緊急事件；

第三象限，緊急不重要事件；

第四象限，不重要不緊急事件。

然後把所有的事情按照輕重緩急的程度放進四個象限裡。主動戒掉一切「不重要不緊急」的事，拒絕大部分「緊急不重要」的事，直到讓它們少於15%。這樣就可以把65%~ 80%的時間花

在「重要不緊急」的事上，並因此把焦慮之源 ── 「重要且緊急」的事情，減少到 20%~ 25%。

雙贏思維

有一次，阿里的銷售人員在做培訓，馬雲順便去看了一下。他發現，培訓老師居然在講如何用各種各樣的手段把梳子賣給和尚。他聽了5分鐘後，非常生氣，立刻把這個培訓老師給開除了。

為什麼？馬雲說：把產品賣給那些不需要這個產品的客戶，我認為這就是騙術，而不是銷售之術。

交易的本質，就是價值的交換，必須雙贏。

雙贏思維就是兩個人之間合作，一定要雙方都獲得價值，不能損害任何一方的利益。

所以，在開展任何一次合作之前，先問問自己，這次合作能實現雙贏嗎？

知彼解己

假如你的眼睛不太舒服，去看醫生。可是你剛說幾句話，醫生就說：「我知道了。」然後把自己的眼鏡摘下來給你，說，「戴上吧。」

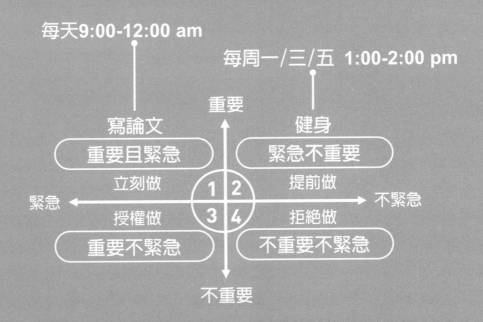

你一定心存疑慮，說：「醫生，你還沒幫我檢查視力呢。」醫生說：「不用檢查了。這副眼鏡我戴了十幾年了，被證明很有用，你試試。」聽到這裡，你一定覺得很滑稽。但其實，我們每個人都在犯這樣的錯誤：在聆聽之前，就迫不及待地表達。我們特別希望別人理解我們，卻忽視要先去理解別人。知彼解己，就是先去理解別人，然後再尋求被別人理解。

具體怎麼做？

首先，戒掉「自傳式回應」。什麼是自傳式回應？就是隨便一個話頭接過來，都能談自己半小時，或者用自己的價值觀、對事情的有限認知，輕易地給出建議。自傳式回應，是把自己放在溝通的中心，是阻礙自己理解別人。

然後，移情聆聽。把心放到對方身上，先感受對方的快樂、憤怒、痛苦、激動，然後聆聽。先去理解別人，然後再尋求被別人理解。

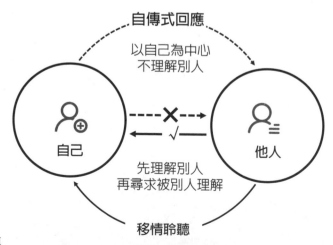

統合綜效

統合綜效，就是透過創造性合作，實現1＋1＞2的結果。最差的合作是「報仇」。「我寧願重傷，也要讓你死。」「我寧願死，也要讓你重傷。」報仇，是1＋1＝0.5。

妥協是雙方各讓一步，是1＋1＝1.5。

合作，就是我幫你，你也幫我。我是做冰箱的，你是賣冰箱的，我們一起賺錢吧。合作，是1＋1＝2。

統合綜效，就是創造性合作，創造更多的價值，是1＋1＞2。從合作到創造性合作的祕訣是：找到共享的目標。

盲人看不見路，瘸子走不了路，兩人都寸步難行。大家的目標不是彼此嘲笑，而是走路。以走路為共享的目標，盲人把瘸子背起來，用瘸子的眼睛指揮盲人的腿，就可以走路，甚至到達很多地方。

線上和線下，一定要你死我活嗎？他們共享的目標是「更多流量」，於是，線上最成功的淘品牌[23]之一茵曼服裝店，開始在線下開展千城萬店計畫了。網際網路和傳統，一定要你死我活嗎？他們共享的目標是「更高效率」，於是，最傳統的烤紅薯，開始可以用網路支付了。

這就是統合綜效，也就是創造性合作。

---

23 編注：淘品牌是淘寶商城推出的基於網際網路電子商務的全新的品牌概念，是「淘寶商城和消費者共同推薦的網路原創品牌」的概念。（資料取自百度）

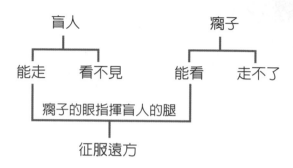

不斷更新

你需要養成的第七個習慣，是從身體、精神、智力、社會 /
情感四個方面，不斷「更新」自己。

第一，身體。

底層的工作者靠體力，中高級管理者靠智力，但頂級的企業
家，又回過頭來靠體力。吃營養的食物，充分休息，定期運動，
有規律的作息，都是保持好身體的必要條件。身體訓練屬「重
要，但不緊急」的事情。

第二，精神。

強大的精神力量，也是需要不斷訓練的。2009年，我參加了
「玄奘之路」戈壁挑戰賽，在荒蕪人煙的鹽鹼地裡，4天徒步了
120公里。

單調的景色，疼痛的雙腿，理想、行動、堅持，衝過終點那

一刻,我不是豪情萬丈,而是平靜如水。

2015年,我和10位朋友一起,遠赴非洲,用7天時間,攀登非洲第一高峰——海拔5895米的吉力馬札羅山峰。在大雨、極寒、高原反應等惡劣條件下,最後我們登頂的那一刻,所有人抱頭痛哭。快樂是獎賞,痛苦是成長。人若經過這樣的精神訓練,便幾乎可以面對商業世界的任何挑戰。

第三,智力。

多讀書。試著至少每季度讀一本書,然後每月讀一本,每周讀一本。聽書是快速獲取書籍精華的方式。如果你對某本書深有感觸,應該再把全本找來,仔細閱讀。

多寫作。試著把自己的想法寫下來。你會發現,你以為自己想清楚的很多事情,其實並沒有想清楚。寫作,可以幫你把囫圇吞棗吃下去的知識,消化吸收。

第四,社會／情感。

還有一項必須不斷訓練、持續積累的,是社會關係、情感連接。常有人問我:「你認識那麼多人,這個人脈是怎麼建立的?」

我說:「給予價值。你能給予別人什麼樣的價值,就會認識什麼樣的人。人脈,不是那些能幫到你的人,而是那些你能幫到的人。持續地給予價值,這是更新、積累人脈的唯一方法。」

不斷更新,就是透過身體、智力、精神和社會／情感四個方面的不斷訓練,磨礪前面七個習慣,把優秀變成一種習慣。

結語

　　積極主動、以終爲始、要事第一、雙贏思維、知彼解己、統合綜效、不斷更新，希望你能養成這七個習慣，它們將使你受益終身。

開掛的人都堅持窄門思維

「你們要進窄門。因為引到滅亡，那門是寬的，路是大的，進去的人也多；引到永生，那門是窄的，路是小的，找著的人也少。」

——《聖經·新約·馬太福音》

這個世界上，總有人選擇開始簡單的事情。雖然開始是「寬門」，但會發現，到後面競爭者擠滿了道路，越來越難。而另一些人，會選擇開始很難的事情，雖然開始是「窄門」，看上去荊棘密布，但一旦披荊斬棘跨過去，海闊天空。

其實這個世界上哪有全程好走的路，哪裡有一路「寬門」？差別只在於，高手心中裝著更大的格局，哪怕捨棄1000萬的利潤分出去，也在所不惜。他們不是不在乎錢，而是相信只要方向正確，資源、技能、優勢，一切皆可積累。頂尖高手，總是選擇「窄門」。

為社會創造價值，路會越走越寬

我曾經分享過自己的創業歷程：2013年5月，我成立了一家叫「潤米諮詢」的小破公司，開始創業。這家小破公司，老闆、行政、人事、財務、保安、清潔等角色加在一起，就我一個人。連個辦公室都沒有。其實，我也不需要辦公室。一個人需要什麼辦公室？

我每天去社區圖書館上班。直到和老先生、老太太們共事了幾個月之後，我才招到了第一個員工。這時一個問題出現了：我一個人隨便往哪兒塞都行，可兩個人怎麼辦呢？還好，我朋友多啊。一位朋友說，他那裡多張桌子，讓我先去擠擠。

後面幾個月，一家創業公司，就嵌在了另一家創業公司體內成長，不斷尋找著裂縫裡光照進來的方向。幾個月後，我終於找到了自己的辦公室。然後，我把咬碎的牙換成銅板，一分一分地貼在牆上，裝修成了潤米諮詢最早的樣子。這就是「創業」。

潤米諮詢擁有大部分創業公司的共同特徵：窮。即便很窮，卻從不上門主動推銷自己，公司甚至也沒有總機。我們不願意拿著「擴音器」主動呼喚客戶，也不想著去說服別人。如果發現這個人竟然還要被說服，那就只能證明我們自己還不行。初創公司缺人、缺錢、缺資源、缺方向、缺機會，是非常正常的事情。

公司一定要開在高級辦公大樓裡才能證明有實力嗎？才能招到優秀的員工嗎？自己沒資源、沒背景、沒關係，真的就無法戰

勝有資源、有背景、有關係的創業者嗎？

把辛苦賺的錢花在「面子」上的，產品能量不足的，才需要行銷補、通路補，都補不了的，最後只好陪客戶喝酒、吃飯、拉關係，但還是賣不出去。喝酒、吃飯、拉關係都賣不出去的東西，網際網路也幫不上什麼大忙。

無論對於企業還是個人成長而言，最難的事，是需要從一點一滴的小事中慢慢積累起來，需要對用戶持續穩定地創造獨特的價值，構建很深的競爭壁壘。

金杯銀杯，不如用戶的口碑。

資源背景，不如自身能力過硬。

累積自己的能量，從萬仞之巔推下千鈞之石。

吃最累的苦，走最遠的路，進最難的門。

那些走「寬門」，靠權錢交易，依靠背景、資源、關係的人，路只會越走越窄。那些走「窄門」，靠能力積累，產品打磨，為社會創造價值的人，路會越走越寬。

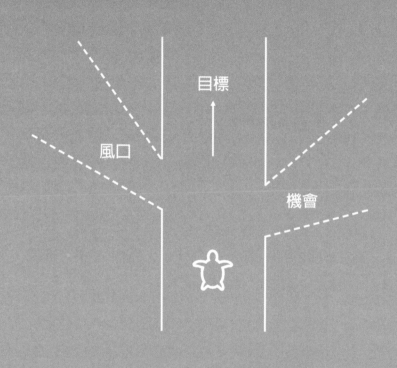

聰明人下笨功夫

晨興資本的劉芹，作為小米最早的投資人，在小米上市時依然持有17%的小米股份，他一戰成名。當然，他投中的公司遠遠不止小米，還有快手、Keep等。

作為中國頗具影響力的投資人之一，他曾經對某公司創始人說道：「你缺錢，我投給你，但你能不能答應我，在未來幾年之內，不碰金融。」

做金融沒賺到錢，團隊會元氣大傷；賺到了錢，團隊會再也沒興趣艱苦創業，更傷元氣。你可能很疑惑，這是為什麼？能在金融領域賺到錢，那也是本事，說明創業者很聰明啊！但是，聰明，對於創業者來說，往往不是好事。

這些年，創業風口論盛行，時不時就出來一個幾年幾十億美元，恨不得今天有個網際網路創業模式，明天獲得投資，後天就首次公開募股，大後天就推向全球。太急了。太急了。太急了。

太多人以快為好，喜歡大而耀眼的事物，喜歡「面子」上的東西，不停地追逐風口，不能把全部精力用於踏實做事，不能持續為客戶創造價值。他們就像在爬一座山，每次爬到一半，就下來再換一座山爬。不斷地換來換去，不斷尋找風口，如果沒有暴富，他們就再換一次。

如果你問，你想成為小米，還是華為？很多企業家會慎重地思考一下，選一個。

你說，那從現在開始，像雷軍一樣積累20年，像任正非一樣奮鬥30年。

很多人會問：有別的辦法嗎？

很多人想要的，只是小米和華為的成功，不是他們的能力，更不是和他們一樣的付出。那些最後取得一些成績的人，並不是說多麼聰明，可能是用時間去換空間，滴水穿石，聚沙成塔。選擇對了一座山，選擇了一扇「窄門」，把一件事堅持做到極致，堅持爬了下去。

唐太宗在《帝範》裡說道：「取法於上，僅得為中。」《孫子兵法》裡有更詳盡的解釋：「求其上，得其中；求其中，得其下；求其下，必敗。」求其中，求其下，走捷徑，逃避思考，是人性。主動選擇窄門的，永遠是少數人。

然而，做企業，比的是慢，是笨，是扎實，是聰明人下笨功夫。成千上萬的人都認為自己是人才，但只有極少數的人能夠成為幸運兒。

喜歡追逐風口的人，會主動選擇易走的寬門，因為不易走的路，往往沒有任何捷徑。

喜歡下笨功夫的人，會主動選擇難走的窄門，因為容易走的路，最後往往是絕路。

關於「窄門思維」，任正非先生打過這樣一個比方：「華為就是一隻大烏龜，20 多年來只知爬呀爬，全然沒看見路兩旁的鮮花，不被各種所謂的風口左右，只傻傻地走自己的路。」

在這期間，中國曾經出現過瘋狂投資股市的狂潮，曾經出現過地產熱。一批又一批的企業從中受益，成了著名的房地產企業；一批又一批的人在股市中獲得巨額財富，成了人人羨慕的富翁。

當別人告訴他投資股市可以掙大錢時，他笑著說錢不是最重要的。人們紛紛嘲笑任正非是一個不懂得變通的「傻子」，但他願意做這樣的「傻子」，而且也號召全體員工都要做「傻子」。如果三心二意，沒有強大的定力，那麼最終只能竹籃打水一場空。

儘管有很多企業家在金融、股市和房地產上獲得了成功，但多數人經歷了慘痛的失敗，畢竟一個缺乏恆心和定力的企業家很難走長遠的路。

如果選擇容易的「寬門」，進的人就多，就會造成過剩。所以，不要去做誰都想做、誰都能做的事情。只有去挑戰大家認為很有難度的事情，才能從中找到生存之路。

做「難而正確」的事

這條道路非常寬敞，幾乎沒有人，因為太難。但恰恰是因為難，你的競爭對手不是同行者，而是客戶的需求。

向上的路通常是艱辛甚至孤獨的。

我經常對團隊的成員說：擺在我們面前，供我們選擇的，通

常並不是「成功的路」和「失敗的路」。這樣的選擇並不困難，我們都會選擇「成功的路」。困難的是，擺在我們面前的，通常是「成功的路」和「容易的路」。容易的路，總是那麼誘人，那麼駕輕就熟，那麼舒適。以至於為了選擇「容易的路」，我們會告訴自己：「也許，這條路也通向成功呢？」

選擇容易的路，甚至會讓你就像吸毒一樣，慢慢上癮。你一旦給自己找到邏輯一致性的理由，獲得了認知協調，就會越來越依賴，最後無法逃離。

當你覺得選擇的路很艱難、很累、很難受的時候，說明你可能在成長，你在走上坡路。當你覺得選擇的路很容易、很爽、很舒服的時候，說明你可能在逃避，你在走下坡路。

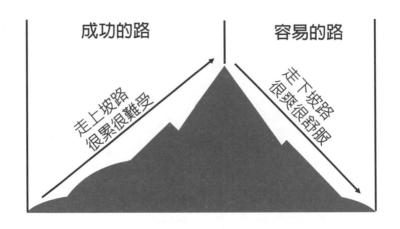

結語

　　在創業道路上，會經常面臨很多誘惑，冒出很多賺快錢的機會和所謂的合作機會。比如比特幣、金融⋯⋯如果選擇賺快錢，你便被欲望吞噬了最寶貴的資源：時間。

　　時間本來是用來打造你的核心競爭壁壘的。所以，賺快錢猶如吸毒。在核心價值以外賺的快感越多、越快，失去的也就越多、越快。把夢想變為現實的，並不是某一刻的快感，而是每一步的積累和克制。

　　頂尖高手，都是窄門思維的踐行者。

　　頂尖高手，比的是慢，是笨，是扎實，是聰明人下笨功夫。當你選擇窄門，踏實做事，為社會、用戶創造價值時，整個世界都會讓路給你。

認知層次與認知速率

思維框架的改變，才是眞正的進階。

認知不對稱

2015年，我登頂了非洲第一高峰——吉力馬札羅山峰。到達山頂後，我不是熱淚盈眶，而是痛哭流涕。實在是太不容易了。但是，就在我痛哭流涕的時候，一路幫我背著重物，陪著我爬到山頂的黑人兄弟，以一種難以理解的神情，在一旁看著我。

他可能在想：「有那麼難嗎？我一年上下20多次，有那麼難嗎？至於哭成這樣嗎？」這個黑人兄弟，衣服和鞋子都是破的。但他就這麼閒庭信步地，一年登頂吉力馬札羅山峰20多次，跟玩兒一樣，用實力碾壓我。那一刻我認識到，我和他之間，有一條基礎體能的鴻溝。我再努力，再堅持，也無法跨越這條鴻溝。

創業也是一樣網際網路時代，資訊高速傳播，人跟人的資訊差、認知差正在瘋狂拉大。人與人之間最大的鴻溝，不再是資訊不對稱，而是認知不對稱。

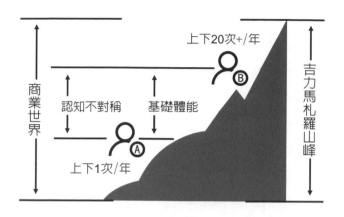

本質規律決定認知速率

對於本質規律的認知層次，決定了認知對稱的認知速率。從古至今，人們一直想飛上天。

怎麼辦？先模仿。鳥兒能飛，就先模仿鳥兒做一對翅膀。再優化，不斷修改翅膀的材料、形狀、大小。但是，人最終都沒像鳥兒一樣上天。在漫長的歲月中，人類無數次勇敢嘗試，無數次慘烈失敗。

直到有一天，人類掌握了飛行的本質規律：空氣動力學。氣壓差才是升力的來源。只要在翅膀上下側製造氣壓差，就能把主體舉上天。用什麼樣的方式製造氣壓差都行。只不過，鳥兒選擇了用扇翅膀的方式。

在上千年的歷史演進中，在這一刻，對於飛行本質規律的認

知，開始對稱。然後，人類就放棄了對鳥類的「先模仿，再優化」，直接基於空氣動力學本質規律，造出了今天的飛機。如果沒有這個底層認知，任你花費多少年，把翅膀做得多麼像鳥兒，也無法展翅飛翔。

我常說：成年人學習的目的，應該是追求更好的思維模型，而不是更多的知識。在一個落後的思維模型裡，認知不對稱，即使你增加再多的資訊量，也只是低水平的重複。

認知，就是創業者的基礎體能。你把刀劍磨得再鋒利，武功修練得再高，對手用一顆子彈就可以終結戰鬥。如果認知的基礎體能不夠，認知層次不夠高，你的頓悟，很可能只是別人的基本功。

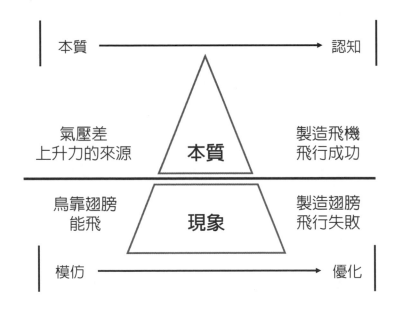

提升認知基礎體能

怎樣才能提升自己的認知基礎體能呢？

1.苦練基本功

在進化島社群，我曾經對同學們說：「優秀的戰略，都是可以掏心掏肺說給你聽，但是你也學不會的。海底撈你學不會，褚橙[24]你學不會，名創優品你學不會，得到你也學不會。」

為什麼？因為優秀的戰略，需要的是在戰略高度上，諸多環節的完美配合，而不是在某一個點上的創新。

比如說名創優品：

①用戶多了，名創優品對供應商的談判籌碼才大；

②談判籌碼大了，商品成本才便宜；

③商品成本便宜了，周轉率才高，利潤才大；

④利潤大了，加盟名創優品的店鋪才多；

⑤加盟名創優品的店鋪多了，用戶量才大。

一個循環回來，環環相扣。如果你把名創優品理解為薄利多銷，那就會學「死」掉的。你想像著，名創優品手上玩著 5 個球。

1個球掉在地上，就算輸。

葉國富（名創優品董事長）能嫻熟地玩10個球，有人玩3個

24　編注：詳見官網 http://ynshijian.com/

就不行了。所以，就算葉國富掏心掏肺講給你聽，你也學不會。為什麼得到願意公布「得到工作手冊」？很多人不信，說這一定不是眞實的工作手冊，這是煙幕彈。我知道，這當然是眞實的。那麼，把這些眞實的商業機密都告訴你了，他不是傻嗎？他不傻。

他只是知道，告訴你，你也學不會。

眞正有效的學習，不是去聽一些「高、大、上」的名詞，迷戀一些工具和方法論，而是從高手的行爲之中，摸索出底層的規

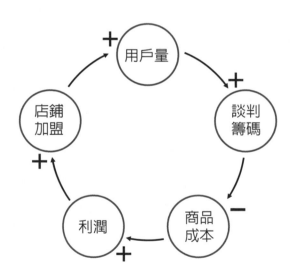

律，然後按照客觀規律實踐，苦練基本功。

比如這兩年的熱詞「長期主義」。當你談論「長期主義」、高瓴資本[25]張磊的「價值投資」之時，你更應該看到的是：20世紀90年代，張磊在中國人民大學讀國際金融專業時，爲了做調查研究，他回到老家，到社區、城鎮、鄉村收集和瞭解普通市民和農民的購買決策資訊。然後一步步精細制訂調研計畫，拆解工作目標，製作問卷，做訪談，研究消費者購買通路、價格敏感度、品牌知名度和美譽度、產品喜好、售後服務滿意度等。第一份實踐報告，就獲得了特等獎。

工作後，他第一年就跑了10多個省份，幾乎走遍了所有的「窮鄉僻壤」。可想而知，他的工作強度和底層調研能力的基本盤，得到多大的訓練。一點兒一點兒地收集資訊，整理材料，深度調研，最後帶著厚厚的報告回來。

這種自下而上的研究傳統，後來也被引入他創立的高瓴資本。走基層、看社會、知風土、懂人情。商業中的洞見不僅來源於前人的總結，更有效的是一手田調，透過對原始數據的挖掘積累，發現一手的市場規律。

這些都是基本功。很多人都想抓住紅利期，也都知道紅利期很重要。但在大多數行業的紅利期，機遇只偏愛那種有準備的人。比如，跨境電商的紅利期。只有那些真正能用「本土化」獲得消費洞察，用「品牌化」獲得產品溢價，對供應鏈和物流體系

25　編注：詳情請見官網 http://www.hillhousecap.com/cn

能有「專業化」掌控力的企業，才能獲得真正的成功。

對於普通人而言，首先是打好基本功。紅利其實每年都有，但是如果基本功不扎實，其實99%都與你無關。提升認知基礎體能並沒有什麼祕訣，而是對客觀規律的踐行有更深的理解。不練基本功，到頭一場空。

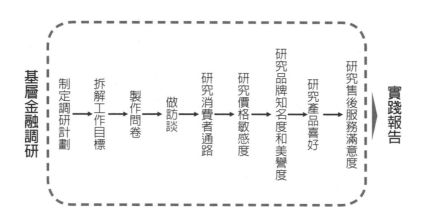

基層金融調研 → 制定調研計劃 → 拆解工作目標 → 製作問卷 → 做訪談 → 研究消費者通路 → 研究價格敏感度 → 研究品牌知名度和美譽度 → 研究產品喜好 → 研究售後服務滿意度 → 實踐報告

2.及時總結和復盤

經常有企業家朋友會問我：「潤總，我們今年做了巨大的研發投入，把產品從90分做到了120分，但是市場收效並不大。我們現在很困惑，是不是也許用戶並不需要那麼好的產品？」

這就像每個喜歡「曬小孩」的人，都認為自己的小孩是全世界最可愛的，至少是之一。但是我們知道，這世界上一定有50%

的小孩的可愛程度，都不到平均水平。只是這麼傷人的話，以前沒有人說而已。

從60分到65分的市場反應，和從90分到120分的市場反應，那是佘山和聖母峰的差異。在產品、行銷、通路這三件事情上，你把一件做到極致，就可以獲得巨大的成就。但怕就怕，做好了A，你卻以為是B。因為歸因錯誤、認知錯誤，導致戰略導向錯誤。及時復盤，就是糾偏的關鍵一環。

一年有52周。如果你能堅持每周復盤，就會有52次拿出GPS和衛星地圖，面朝目標，重新調整路線的機會。對關鍵專案及時復盤，總結經驗和教訓，才能夠有效避免在同一個坑裡反復失敗。

進化島嘉賓陳勇說：「只有顆粒度精細化到每一步的過程控制，專案成功的經驗才能複製。」知道復盤重要性的人很多，但知道，做到，能提煉出經驗和教訓，能夠反思改進、持續優化的人實在是太少了。

沒有目標就沒有戰略，沒有戰略就沒有計畫，沒有計畫就沒有行動。

沒有復盤就難以洞察規律，獲得真知，以至於光陰流逝，一事無成。

3.碎片化學習，系統化思考

現在的人都很忙。而因為忙，時間必然被切碎。這些被切碎的時間，你不好好利用它，就會被白白浪費。所以，你必須學會碎片化學習。

怎麼做？我的做法是，用三個專門的設備來收集這些時間，進行碎片化學習。它們是：一副降噪耳機，一副運動耳機，一個會議音箱。

在機場、高鐵站、飛機上，這些旅途中的場合，我用降噪耳機來收集碎片時間。這些碎片時間很寶貴，但環境噪聲大。我需要降噪耳機，才能把注意力集中在聽書上，集中在學習上。戴上耳機，世界回歸安靜。

只要在上海，我每天都走路上下班。上班半小時，下班半小時。快走。一是為了健身，二是為了利用這些碎片時間，聽書學

習。但是降噪耳機會屏蔽汽車鳴笛，爲了安全，我改用骨傳導運動耳機。

到了酒店房間，進入私密環境，整個人都可以放鬆下來。這時，爲了讓耳朵輕鬆一些，我會把降噪耳機取下來，同時從行李箱裡拿出會議音箱。有了會議音箱，我可以一邊處理事情，一邊走來走去，一邊聽書學習。有了這三個設備，2020年，我平均每天能額外多收集2~3小時碎片時間。而用這每天的2~3小時，我在得到上總共聽了1800多本書，以及幾乎每一門課。

一年是由365天組成的，每天都做一點點改變，別小看它，積累起來，300多天的變化也是令人震驚的。把一天當一年過，還是把一年活成重複的一天，取決於你自己。你怎麼過一天，就怎麼過一生。

機場&高鐵站　　上下班走路　　酒店房間

降噪耳機　　骨傳導耳機　　會議音箱

屏蔽環境噪音　　聽見汽車鳴笛　　私密空間
專注　　安全　　放鬆

結語

　　眞正的槍手，絕不是變成神槍手，而是變成指揮官。思維框架的改變，才是眞正的進階。

　　蟪蛄不知春秋，蜉蝣不知朝暮，夏蟲不可語冰。

　　如果一種蟲子的生命周期只有夏天這幾個月，你很難和它說清楚冰是什麼東西。蟲子信誓旦旦地認爲：「人類都是騙子，世界上根本沒有冰這種東西。」

　　因爲它的生命周期從來不經過多天，思維中根本不認爲有冰的存在。它生存的世界決定了它的認知。

　　一個生活在清朝初年的人穿越到21世紀，看見人進入汽車後，汽車會動起來。於是他得出了結論，汽車的動力來自人。

　　他所處的環境限制了他的認知。他的認知中，根本沒有發動機的存在。

　　你以爲你以爲的就是你以爲的嗎？

　　尼采說：「眼睛即是監獄，目光所及之處就是圍牆。」

　　人與人之間最大的鴻溝，是認知不對稱。人永遠無法獲得超出所處環境外的認知。人永遠無法賺到認知以外的錢。

人際關係的符號互動理論

　　我有一些做刑偵工作的朋友，和他們相處，我感覺他們每個人都有一雙鷹眼。

　　什麼意思？就是你能感覺到，他們能透過一些細節看到很深的層面。

　　舉個例子。2020年，我有個計畫，向100個陌生人學習，其中有一位叫楊駱的老師，就是一名警察。他能透過細節觀察到什麼呢？他曾經去了某一間辦公室，掃視了一圈，之後跟老闆說，這個辦公室裡，有哪些員工能做得長久；哪些很可能做不長，會離職。

　　果然，沒過多久，那些可能做不長的員工，就真的離職了。真是長了一雙鷹眼。為什麼他有這種能力？他和我說，他的判斷是基於互動關係理論。

　　什麼是互動關係理論？就是我們每個人和周邊環境、人產生的一些互動，然後基於這些互動做出的判斷。隨後，他和我講了這個理論在職場上的3個應用，我聽後，深受啟發，有一種學習辦公室心理學的感覺。

下面，我就把他總結的互動關係理論在職場上的 3 個應用分享給你，希望能給你一些啟發。

人的底層動力：恐懼和欲望

互動關係理論在職場上的第一點應用是，判斷一個人的底層動力。一般驅動一個人的底層動力，大概分為兩種：恐懼和欲望。

不同的人，驅動方式也不同，而且傾向性是比較穩定的。如果你能找出一個人的驅動方式是恐懼還是欲望，那麼，你在管理、合作等方面就能很好地跟這個人相處。

比如，在職場中，有的管理者特別恐懼被主管批評。如果你請他做的事，有可能會讓他的主管知道，那麼他就會特別糾結。就以請假這個簡單的事舉例。大主管安排了一個任務，你的直屬主管帶著你們一起做。某天，你去跟直屬主管請兩天假，不管理由說得多麼充分，他都會猶豫。

但是，如果你說：「和你說完，我也會向大主管請假。」瞬間，他就會特別輕鬆地同意你的申請。

為什麼？因為他是一個被「主管批評」恐懼驅動的人。要和他協作愉快，就要想辦法破除他的這個恐懼。

說完被恐懼驅動，再舉個被欲望驅動的例子。在職場中，最明顯的就是對權力欲望的獲取。這樣的人會表現得很自信。他們

做事積極，遇事不回避，迎難而上。

如果更仔細地觀察，你會發現，他整個人的身體姿勢，都會呈現一種打開的方式，無論是坐著、站著，還是走著。辦公桌上，他用本子、杯子等形成一個比較大的區域，連坐地鐵、乘電梯，這種比較擁擠、狹小的空間，他們也會打開自己，相對別人占用較大的空間。

有權力欲強的人，就一定有欲望不強的人。後者身體比較蜷縮，甚至可能有點兒小小駝背，辦公桌上會把所有物品局促地放在自己面前。日常溝通時，相對於後者，前者會讓人感覺到壓力，因為他會比較強勢。這種人就不要相信他會安分守己，會歲月靜好地過日子，他們受不了自己沒有權力。

所以，和權力欲強的人打交道，你就可以適度讓一些權力給他，滿足他對權力的欲望。這樣就會很好協作。

以上就是互動關係理論的第一點應用，判斷一個人的底層驅動力到底是恐懼還是欲望。知道了對方的底層驅動力，你就可以更好地和他協作了。

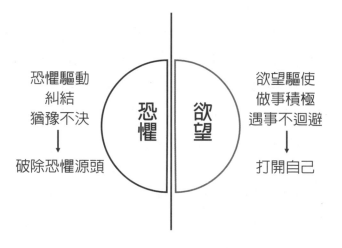

恐懼驅動　　　　　　　　　　　　欲望驅使
糾結　　　　　　　　　　　　　　　做事積極
猶豫不決　　　　　　　　　　　　遇事不迴避
↓　　　　　　　　　　　　　　　　　↓
破除恐懼源頭　　　　　　　　　　打開自己

恐懼　欲望

一個人的應對方式

　　互動關係理論的第二點應用，就是觀察一個人的應對方式。什麼是一個人的應對方式？其實有點兒類似我們經常提到的舒適圈概念。

　　舒適圈一定是讓人舒適嗎？不是的，其實很多舒適圈是讓人不舒適的，就像老婆餅裡沒有老婆一樣。比如，職場中會有一些這樣的人，我給他們取個名字，叫「職場大委屈」。

　　什麼意思？這些人有個共同特點，工作能力不錯，任勞任怨，但是他們提拔速度一般不會快。為什麼？這樣的人，是矛盾的。當領導去找他，或者別人問他工作的時候，他會說，他很委屈，做了這麼多事，還是沒有受到主管重視。

但是，當領導覺得他做了很多，想給他一些獎勵、讓他負責個什麼專案時，他又會說：「不用不用，那些都是我應該做的，你把這個機會留給更優秀的人吧。」

　　為什麼會這樣？這是他們的應對方式，他們從小到大已經習慣了用委屈和世界相處。你讓他自信地和世界相處，去表達，去為自己爭取，他不知道怎麼做。

　　這就是「職場大委屈」，他們習慣用這種委屈的方式和世界相處。同時，這是他的舒適圈，他會一直在這個不舒適的舒適圈裡，循環打轉。

　　以上就是互動關係理論的第二點應用，看一個人到底是用自信還是委屈來應對這個世界。

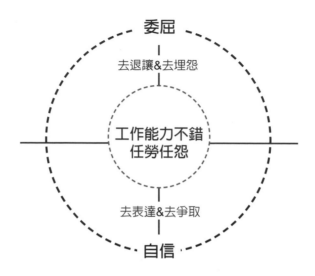

去退讓&去埋怨

委屈

工作能力不錯
任勞任怨

去表達&去爭取

自信

破除人們的掩飾

互動關係理論的第三點應用，就是瞭解一個人在什麼場景下可以更少地掩飾。在日常工作和生活中，我們每個人或多或少都會去掩飾一些事。那在什麼場景下，我們的掩飾會少呢？

我總結了5個場景。

第一個場景是被追問細節的時候。比如，我們在面試一個人的時候，來面試的人很可能做了很充分的準備，很多問題都爛熟於心，倒背如流了。

那應該怎麼去除掩飾？不斷地問細節。

怎麼問？比如，說一個你解決重大問題的專案吧，介紹你擔

任的關鍵角色。

追問：你的決定，導致過公司的重大損失嗎？你是怎麼做的？繼續追問：除此之外，還有哪些方法可以解決問題？會有什麼利弊得失？

不斷追問。

再比如，你擔任了這個專案的主管，那誰是經理？誰是副手？這個專案，服務的是哪個公司？周期是多長時間？結果怎麼樣？你做了幾次回訪？

這些問題，有時間，有地點，有人物。不能亂答，更不敢亂編。第二個場景是身處複雜環境的時候。

什麼是複雜環境？比如，多人社交場合，一個人單獨和你說話是一個樣，那在和一群人說話的時候是不是還是這個樣？

一對一溝通時，很多人都戴著面具，和主管溝通一個方式，和下屬溝通一個方式，和平級的人溝通又是一個方式。但是在和一群人溝通的時候，他就不得不摘下面具，你就能觀察到更多。

第三個場景是感到壓力，感到被質疑了的時候。比如，我們仍以面試舉例。面試過程中，應聘者介紹了他曾經做過什麼專案，他對這個專案很自豪。

這時，你可以一聳肩，說：「是嗎？我覺得這個沒什麼啊。」當他感到有壓力，感到被質疑的時候，你就可以觀察他的反應了。大概會有三種反應。

第一種，表現得比較淡定，甚至可能還會自信地說：「你可

能不太瞭解這個專案具體的一些細節，我可以再給你介紹介紹，相信你瞭解了之後會發現，這個專案對我來說，真的是很了不起的一個成就。」

第二種，表現得比較自卑，被你一句話就給說「蔫」了，整個人就萎靡了。

最後還有一種，我稱之為脆弱的高自尊。什麼叫脆弱的高自尊？就是正常面試過程中，他表現得很自信，什麼事都爭強好勝。但是被你這句話質疑後，他會生氣甚至憤怒，會說你根本不懂。

這從本質上說明，其實他還是自卑的，只是穿上了一副自信的鎧甲。

還有一個場景是達到自然狀態的時候。什麼叫自然狀態？就是一個人感到安全、感到有點高興的狀態。比如多人一起去吃自助餐，一個人可能在職場上特別有分寸，有禮貌，取捨有度，但是在就餐時，他可能會表現出自己真實的一面，拿得很多，挑三揀四，浪費很多。這就說明，他其實是一個需求很多、索取欲很強的人。

再比如開車。人們在開車的時候，是很有掌控感的狀態，方向盤、油門都自己控制。但是你觀察一個人在開車狀態下的表現，就能看出他的性格。比如，有路怒症的人，一般就不太會反求諸己，他在職場上也會認為犯錯都是別人的責任。

有的人開車一腳油門一腳剎車，比較急，那麼他做事也會是

一個急躁的人。有的人開車就會比較平穩。

在吃自助餐、開車這種自然狀態下，人們的掩飾會比較少。第五個場景是情緒受到刺激的時候。

怎麼刺激情緒？一般有兩種方法，我總結為冷讀和熱扎。

先說冷讀。冷讀，是說出一些自己特別認可的話，勾起對方的表達欲。

仍然以面試為例。在聽了求職者介紹他多年的工作經驗、負責的專案後，你說：「你服務的客戶，行內是有耳聞的，是一個很不好伺候的客戶。你竟然服務了3年，我覺得你真是挺不容易的。」

這樣說，會讓求職者感到你很懂他，就會激起他的表達欲，和你說更多。

再說熱扎。扎是扎心，是讓對方去回憶、感受一些很強烈的情緒。

比如，記者採訪別人，有一套經典三問。

首先問，在別人眼中，你現在非常成功，有了這麼多成就，你有什麼收穫想說的嗎？如果重來一次，你還會選擇做這件事嗎？

然後問，這些年來，你覺得你最該感謝的人是誰？你想對他說點什麼？

最後問，做成這件事，你犧牲、付出了很多，肯定也有你覺得辜負、對不起的人，你想對他說點什麼嗎？

這就是記者用的經典熱扎三問，很多人曾被問到失控哭泣。
以上5個場景，就是互動關係理論的第三點應用，可以瞭解一個
人在什麼場景下會更少地掩飾。

結語

　　以上就是互動關係理論在職場中的3個應用。當然，這3點並不是互動關係理論的全部，而且用這套理論去判斷一個人，只能是一種參考。

　　人是一種高級、複雜的動物，不可能僅憑一兩個互動關係，就看清一個人。所以這套理論只能作為判斷、瞭解一個人的參考。

　　這套理論的基礎是，所有的這一切都是基於一個人和一個場景之間的互動，所看出來的本質、矛盾和關係。

　　比如最開始那個例子，楊駱老師是怎麼看出來一個辦公室裡的人，誰是想離職的，誰是準備長期做下去的呢？

　　他的依據是，一個人對某個組織或者某個環境，如果表現出疏遠、討厭的想法，那麼工作場景中，第一，就會減少個人物品擺放；第二，物品與環境呈現的關係比較簡單；第三，帶有情感屬性的東西少。如果對組織、環境表現出親密、喜歡，則正好相反。

　　當然，我們透過和楊駱警官學習這些，並不是說讓我們把每

個人都當作嫌疑人一樣，去審視別人。而是透過這個人與環境的互動關係角度，去理解一個人，更好地與他協作、共處。

這就是我從楊駱老師這裡學到的知識。期待這個辦公室心理學，也能給你一些啟發。

REPLAY
➡ 復盤時刻

1.　多數人為了逃避真正的思考，願意做任何事情。

2.　我很害怕所有的忙，都是瞎忙。沒有方向的努力就像無頭蒼蠅，沒有目標的勤奮會四處碰壁。

3.　上帝視角，就是提煉一套抽象化的思維方式，理性看待這個世界的本質問題。

4.　你和甲方的關係，本質是稀缺資源在哪一方的關係。

5.　在個人成長上，我們需要抓住事物的本質，心態要穩，判斷要準，下手要狠。洞悉一件事物的本質，勝過走馬觀花萬千皮毛。

6. 想要實現跨越，就要懂得提高自己的能力， 讓人生過得有效率，善於利用槓桿。

7. 能力，是你人生最深的護城河。

8. 他們會主動學習所在領域之外的知識，瞭解和自己領域無關的業務。然後做好準備，在適當的時機，進入一個全新的行業。

9. 接受你不能改變的，然後去改變你能改變的，把所有的精力都放在那些你能夠改變的事情上。

10. 你心中一定要有那個「終」，你才知道應該怎麼「始」。做任何事情，都要以終為始。

PART 5

人和人之間就是互相成就

管理智慧

打造高效協作機制

下面來聊聊協作機制。一家公司想要做大事，就必須有一套非常高效的協作機制。

什麼協作機制呢？我把這套協作機制總結為5步：定目標、扛目標、盯過程、守底線、獎結果。

我們一個一個來說。

定目標

定目標，是為了形成一個基本的分布式協作網路。什麼叫分布式協作網路？我舉個例子。將軍命令一個團在凌晨3點前必須攻下某個山頭。在凌晨3點前攻下某個山頭，這就是將軍給這個團的團長定下的目標。但是，對於團長來說，在凌晨3點攻下還是在凌晨5點攻下，有區別嗎？如果是在凌晨5點攻下，那不也算完成了任務嗎？反正把山頭攻下來了，對吧？聽上去好像沒什麼毛病。

但是，團長可能不知道的是，將軍讓他在凌晨3點前攻下，

是因為凌晨3點半大部隊要透過這個山頭。如果他凌晨3點前攻不下，那大部隊就無法透過。所以，如果團長私自改了目標，凌晨5點才攻下山頭，那將軍的整個計畫就被打亂了。

對於一個組織來說，所有的目標，都是為了更高層面的協作。一個大目標，是由無數個小目標聚合起來的。而定目標，就是為了形成一個分布式協作網路。定目標，意味著團隊成員把後背交給了彼此。所以，為每一個人定下目標，這是一個組織能夠協作的前提。

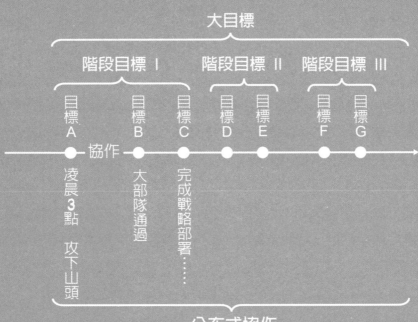

扛目標

定好了目標之後，就必須有人能扛目標。什麼叫扛目標？**扛目標的意思，不是說這個目標可不可以完成，而是必須得完成。**有的時候，確實會遇到困難，目標可能完成不了，怎麼辦呢？你要知道，一旦你扛下了目標，就只有兩種場合可以來表達困難。

第一種場合，就是接下目標的時候。接下目標的時候，你評估自己不能完成這個目標，就要及時表達：對不起，雖然我很想立戰功，但這個任務我不能接，因為我確實不能完成。那麼大家就可以馬上想辦法，看看是換目標，還是換人。但不管怎麼樣，一旦你判斷這個目標你完成不了，就必須第一時間表達。接下一個完成不了的目標，最終沒有實現，其實比不接帶來的損失更大。所以，不能完成可以不接，但是接下了，就必須竭盡全力完成。

第二種可以表達困難的場合，是完成目標的時候。有一次，我看《演員請就位》節目，有一個演員表演完之後，導演評價說，他演得不行，他沒有天賦。這個演員就說，他這兩天壓力特別大，已經幾夜都沒睡好了。然後，導演說了一段話我特別喜歡。

他說：「誰的壓力不大呢？你的壓力大，導演壓力也大，其他人壓力也大。你說你壓力大，你有困難，這件事情應該放在什麼時候來說？應該是你站在領獎臺上的時候，你至少把表演完成

得很好的時候，把這些困難當成花絮來說。你不能在這件事情沒做成的時候說，哎呀，對不起，確實有困難。這是不對的。這些困難都是你沒做好的藉口。」

所以，表達困難要放在完成目標、獲得成功的時候，而不是沒做成或者失敗的時候。那麼，在執行目標的時候發現有困難怎麼辦？你應該最早意識到這些困難，然後主動去找資源，想辦法解決。這叫作扛目標。

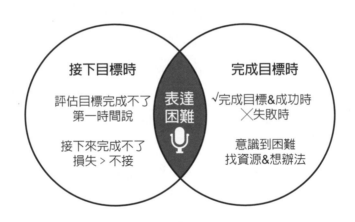

盯過程

有人扛下目標之後，接下來，就要盯過程。什麼叫作盯過程？凡事有交代，件件有著落，事事有回應。這就叫盯過程。任何一件事情，只要被提出來，就永遠不能消失。這件事情的結束

方式只能有兩種：第一種是被完成，第二種是被發起者取消。

如果一件事情交代下去，沒有人問就漸漸消失了，那麼你的協作機制就是失效的。盯過程的本質，就是給任何事情扣上閉環，有開始就必須有結束，避免石沉大海。

守底線

一開始創業的時候，公司都是用價值觀來驅動的。什麼事情能做，什麼事情不能做，都受到創始人價值觀的影響。但是，隨著公司逐漸變大，價值觀就會迅速被稀釋。

我曾看到過一段影音，祕書對王總說查帳發現一個業務，拿了客戶20萬元的回扣。王總問，那他帶來了多少業績？祕書說，2000萬元。王總說，沒事，那就讓他拿。另外再送他一輛BMW。胸懷要大一點兒，要算大帳，水至清則無魚。

看完這段影音，我渾身不舒服。拿回扣甚至行賄的危害，並不是多少的問題，而是一旦睜一隻眼閉一隻眼，必將導致積重難返的問題。大家會覺得原來他拿 20萬元都沒問題啊，我拿5萬元應該也可以吧。他拿5萬元都沒問題啊，那我拿1萬元也可以吧。最終，公司可能有一半以上的人都在拿回扣，甚至行賄。

當王總發現公司開始虧錢時，打算肅清這個行為，發現已經做不到了。因為所謂肅清，就是開除所有人。真的肅清，公司就倒閉了。所以，這不是水清不清的問題，而是水有沒有毒的問

題。

　　紅線就是紅線，熱爐就是熱爐。絕對不能碰，一碰就要嚴懲。這就是守底線。

獎結果

　　最後，就是獎結果。結果是不可撼動的。只有完成了結果，才能獲得相應的獎勵。有的人說，我沒有功勞也有苦勞啊。但是對不起，我們只獎勵功勞，不獎勵苦勞。這就是獎結果。

　　只有當結果不可撼動的時候，才能保證大家對目標真正地重視。

結語

定目標，扛目標，盯過程，守底線，獎結果。

做到這 5 步，團隊才會形成一個高效的協作網絡。

每個人都扛著自己的責任往前走，並把後背交給彼此。這就是一套高效的協作機制。

人才是企業最重要的資產

發一篇過往比較受歡迎的文章〈找人，是天底下最難的事：如何找到「可靠」的人才？〉，希望對你有所啓發。以下是這篇文章的正文。

請問：Google最大的競爭對手是誰？

啊？Google還有競爭對手？它的對手，是競品嗎？還是自己上一代的產品？

Google自己說，我們最大的競爭對手，是 NASA—— 美國國家航空航天局。爲什麼？因爲NASA會搶走Google的人才。和Facebook、蘋果搶人，大家互有勝負。但是Google的工程師收到NASA的邀請，我們幾乎招架不住。所以，誰和我搶人才，我還很難對付，誰就是我最頭疼的對手。

人才，是企業最重要的資產，甚至是唯一的資產。但是，找人卻是天底下最難的事。這麼多年下來，我和很多企業家、經理人交流，對找人這件事情，有了一些自己的理解和經驗，也有一些心法。分享給你，希望對你有啓發。

優秀的公司，更關注人

很多人並不真正理解，為什麼「人」這麼重要。我見過很多企業家，有深刻的洞察力，較高的商業天賦，可以設計出很好的交易結構和戰略模型。戰略上的遠見，能支撐公司至少發展到100億元。但是，他們常常做到10億元就再也上不去了。

為什麼？因為組織跟不上。只有10億元能力的組織，支撐不起100億元的戰略。怎麼辦？這個時候，他們才會覺得「人」重要。所以，優秀的公司，不僅關注業務，其實更關注人。那麼，這些優秀的公司，怎麼招聘？

我講幾個故事。比如，一位企業家和我說，我們是「圍堵式招聘」。我們的業務要發展，要找到最好的人才。這些人又常常在競爭對手那裡。那怎麼辦？堵！所以，我們就在別人公司旁邊租了一間賓館，天天蹲點，守在別人家門口。我們把想要的人才，列了一張名單，心儀的對象下班出現了，我們就走過去，「圍堵」住他。向他請教問題，對他表示欣賞，給他發錄取通知。對於好的人才，我們願意花雙倍的時間，給雙倍的工資，一定要挖過來。

我問，如果這個人拒絕了你呢？這位企業家說，那我也會一直惦記著他。過一段時間，我們會再去「圍堵」他。三顧茅廬，一直到打動他為止。這，就是「圍堵式招聘」。

比如，雷軍找人時的「馬拉松式招聘」。小米剛剛創業做手

機時，團隊裡面沒有懂硬體的，需要找一支強大的硬體團隊。雷軍說，這個過程很痛苦。爲了找來合適的人，每天要談10~12個小時，連續談一個星期。而且不光雷軍去談，很多人去幫他談，大家一起上。只有這樣，才有可能找來自己想要的人。

雷軍說這沒有捷徑，必須得多談。只有多談，才能在少部分被打動的人裡面，找到最優秀和最屬害的人加入。如果三顧茅廬沒用，就三十次顧茅廬。這，是「馬拉松式招聘」。

比如，張一鳴的「收購式招聘」。字節跳動（今日頭條、抖音的母公司）也非常重視人才。有一次，張一鳴看上一個候選人，就去對樓下咖啡館找他。聊完後，對方還是比較猶豫。沒事，那就等。隔段時間就去問問情況。等了3年後，那位候選人終於加入了字節跳動。但還有時候，這位候選人正在創業。這時怎麼辦？買下來，把他的公司買下來。

張一鳴看中張楠的時候，張楠就正在創業，然後他就把整個公司收購了。張楠現在是北京字節跳動CEO。爲了一個人，買下一家公司，把整個茅廬都給你請來。這，就是「收購式招聘」。

老闆，要親自招聘

看完這些故事，你有什麼感覺？我對這些企業家和創業者說，找人，從來就不是一件容易的事。

我經常發現一個問題：大家都說自己很看重人才，但是行爲

上卻不重視。有一些錯誤的動作，可以馬上改。有一些正確的事情，可以馬上做。別只讓HR招聘，要親自招人，親自下場。HR在招聘中起的是支持作用。老闆，不能只當甩手掌櫃。

問問自己，你跨幾級招聘？世界500強，一般要求至少跨兩級。假如你是經理，那麼下面的主管和一線員工，每一個人進來，你都要親自看。

有一次，我見衛哲[26]，他說阿里曾經是跨四級招聘。衛哲是總裁，下面有資深副總裁、副總裁、高級副總裁、總監。也就是說，每一個總監級的候選人，都要親自看。衛哲下面，有200多個總監。一定要自己去面試，不要偷懶。你回去可以算算，你每年到底花了多少時間在招人上。人找錯了，後面會麻煩，你要為下面不停補位。

總經理在做總監的事，總監在做經理的事，經理在做員工的事，而員工，都在討論國家大事。

看能力，更要聞味道

想要找到可靠的人才，有兩件事情很重要：一是能力，二是味道。什麼意思？找人，當然要找能力強的。業務水準不行，其他都是扯。要找到厲害的人，自己首先要能深刻理解業務，才能準確把握招聘需求。然後，用一些工具來幫助自己驗證。

26　編注：香港電訊盈科非執行董事、中國連鎖經營協會副會長。

我建議很多公司，一定要有自己的一套勝任力模型，測評工具，這樣招聘才不是憑感覺。這一方面，大家越來越關注，做得也越來越好。但是，另一方面，常常被忽略。除了關注專業能力，還必須關注候選人的味道。

什麼意思？Google招人的時候，經常有6個人去面試。3個人，是做專業能力的測評和判斷。另外3個，是和業務幾乎無關的人，行政、祕書、產品經理等，總之是在公司待了很久的Google人。他們的任務，就是聞味道。這個人身上的味道、氣場、特質、價值觀，和他們是不是一樣。自己是否願意和面前的這個候選人，一起去旅行。如果答案是「×」，這個人是無法被錄用的。

在中國，也有一家公司在這方面做得很好——阿里。阿里專門設置了「聞味官」，選三年以上優秀的阿里人。參與招聘的時候，所屬部門和應徵單位可能完全沒有關係，就負責打味道分。透過一些問題，來看這個人和阿里的文化是否契合。

比如，客戶第一。不能直接問：你重視客戶嗎？他當然回答，我很重視啊！要把問題變成開放題。可以這麼問：說說你在以前的公司做的最能展現「客戶第一」的事情。

比如，吃苦精神。講講你長這麼大以來，吃過的最大的苦是什麼？曾經有個人回答，我從上海坐火車去無錫，綠皮車廂，沒空調，還是站票，站了兩個小時。太苦了。

最後，這個人果然沒被錄用。

比如，團隊合作。你印象中吃過最大的虧是什麼？有個人曾經說，小學四年級的時候，鄰桌女同學向我借塊橡皮擦，到現在都沒還我。見面的時候，我提都不提。我很能吃虧。

　　當然，這個人最後也沒被錄用。

　　這些人可能能力很強，但是身上的味道不對。味道相同的人，你應該在航班誤機時，願意和他聊聊天。應該在平常生活的時候，能夠坦誠地交流。應該在他說幾句話之後，就願意和他一起工作。對自己想要什麼樣的人，應該像對自己的掌紋一樣熟悉。

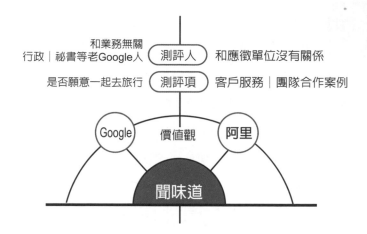

一份問題清單

和這些企業家交流的時候，我發現很多人在找人這件事上，沒有受過專門的訓練。哪怕自己很重視，每次都親自去看，但是每次也都是面試前5分鐘才看這個人的簡歷，隨便問幾個問題，就下判斷了。這樣，也很難找到可靠的人。你可以提前準備一份問題清單，上面寫一些你認為重要的問題。

有一些問題，我覺得特別好，分享給你。

1.你最想和什麼樣的人一起工作？如果再給我推薦3個你認為最優秀的人，你會選誰？

目的：這個問題，能看出他的文化和價值觀。一個人的社群及周圍的環境，也可以反推出一個人的水準、格局、品味。

2.你和別人起過最大的衝突是什麼？

目的：在什麼情況下，他忍無可忍。在什麼條件下，他控制不住情緒。在什麼事情上，他看得無比重要。

3.上班第一個月，你準備做什麼？

目的：候選人對工作能不能進行必要的學習，以及設定自己的工作節奏。自驅[27]的人，不應該等別人給他分配任務。

4.在你這個職位上，你認為需要什麼樣的技能和才幹？你認為普通人和頂尖高手的區別在哪裡？

目的：有沒有對行業和職位的洞察，對自己有沒有不偏不倚的認知。

5.你主動修改過年度計畫和指標嗎？為什麼？結果怎麼樣？

目的：在變化的世界，需要識別風險和機遇。能不能轉化目標，並且有執行下去的能力。

6.你的決定，導致過公司受到了重大損失嗎？怎麼處理的？

目的：工作中總會犯錯。但這是技術錯誤，還是原則錯誤？是不可容忍的低級錯誤，還是應該鼓勵的創新錯誤？

7.專案結束後，有一筆豐厚的獎金，你準備怎麼分配？

目的：團隊利益與個人利益，誰更重要？

8.做專案的時候，你的客戶、老闆、同事對專案分別有什麼期待？

27　編注：對於成就、權力和親和的需要，驅動員工積極主動地工作，以爭取最大的成功。

目的：每個人想要的都不一樣。能不能洞察需求，做出平衡，還要讓事情能夠順利發生和完成。

9.你曾經在哪件事情上，想過要逾越規則，不說真話？

目的：一個人的原則和底線，到底在哪裡？

10.你能教我一件我不會的事情嗎？

目的：優秀的人應該有好奇心，還要有很好的邏輯表達能力，能讓人聽懂你說的話。

這份清單，你可以自己設計，不斷優化。拿著這些問題去面試時，會更有把握找到可靠的人。

結語

　　找人，幾乎是所有事情的源頭。找人的過程很辛苦，但是找錯人的代價會很痛苦。

　　賈伯斯說，我過去常常認為一位出色的人才能頂兩名平庸的員工，現在我認為能頂50名。我大約把1/4的時間用於招募人才。

　　多花點兒時間，這是值得的。而且，一流人才大多會找來一流人才，但是二流人才會找來三流、四流的人才。

　　希望你能找到合適和可靠的人，能和這樣的人一起工作。祝願：良將如潮。

優秀管理者要具備的七項素養

極限施壓

2020年10月2日，美國總統川普確診感染新冠肺炎，一時引起軒然大波。回顧川普上任以來，對我們是真的非常不友好。加徵關稅、污名化、打壓華為……採取了各種極限施壓的策略。

什麼叫極限施壓？魯迅曾經說過類似的策略，大意是，人的性情總是喜歡調和折衷的。譬如你說，這屋子太暗，須在這裡開個窗，大家一定是不允許的。但是，如果你主張拆掉屋頂，他們就來調和，願意開窗了。

這就是極限施壓的談判策略。在這方面，川普駕輕就熟。所以，作為管理者，你可以不應用這種策略，但是你不能不瞭解。

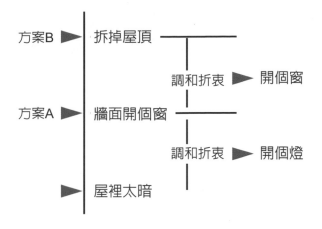

低位的安全感、中位的公平感和高位的目標感

這句話是什麼意思呢？就是說，當你在做管理的時候，越低層的員工越在乎的是安全感。沒有安全感，就是感覺沒辦法保護自己。比如感覺自己的單位不穩，有被裁掉的風險。

中位的員工可能已經不用擔心安全感的問題了。這個工作不想做了，很快就可以找到新的工作，根本不用去考慮生存的問題。所以中位的人更在乎的是公平感。他們更在乎：憑什麼給他這樣的待遇，而我沒有？

那高位的員工呢？高位的員工更在乎目標感。什麼是目標感？就是這件事為什麼要這麼做？這樣做有什麼意義？所以，管理者在面對不同級別的員工的時候，要照顧到的情緒和感覺是不一樣的。

作爲管理者，低位員工，你要給安全感；中位員工，你要給公平感；高位員工，你要給目標感。

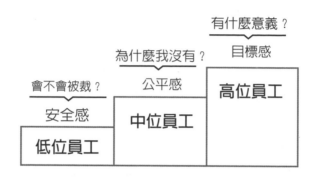

只有平庸的人，才總是處於最佳狀態

一個人之所以處於最佳狀態，是因爲他覺得自己做什麼事都很順利，做什麼事都很輕鬆拿手。但是，當他開始享受這種狀態，也就是開始享受這種所謂的最佳狀態的時候，他就會停留在這個地方。所以，他就會一直處於這種平庸的狀態。

換句話說，只有平庸的人，才總是處於最佳狀態。所以，當你感覺到自己處於最佳狀態的時候，就說明你正在流於平庸了。這個時候，你該怎麼辦？

你必須要想辦法去做一些有挑戰的事情，去經歷痛苦，去感受焦慮。這樣，你才會再往前走。記住，只有平庸的人，才總是

處於最佳狀態。

68%的老師認為自己的教學水平位列前 25%。這是我看到的一組統計數據。我覺得，這對管理者管理下屬，甚至管理自己非常有幫助。

這個數據說明什麼呢？說明人總是對自己有過高的判斷。什麼意思？比如，兩個人做家務，你說你做得多，他說他做得多。把兩個人說的加在一起，那兩個人所做的家務之和通常是超過 100% 的。再比如，80% 的人都會覺得自己的智商超過平均水平（中位數）。但其實，這個世界上有一半人的智商比平均水平（中位數）要低。所以，人總是高估自己。這是一個常見的現象。

那麼，我們認識到這個現象的目的是什麼？我們要知道當我們評估自己的時候，經常是高估的；對別人經常是低估。那怎麼辦？在給自己的評估結果上打 7 折，在給別人的評估結果上翻一倍。這樣，你可能會獲得一個更客觀的評估。

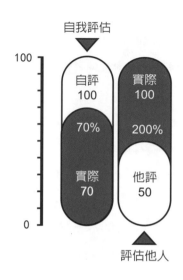

自我評估

100

0

自評 100	實際 100
70%	200%
實際 70	他評 50

評估他人

管理沒有正確答案

這句話什麼意思？很多人覺得，如果題很難，應該沒有正確答案才對啊，怎麼會到處都是正確答案呢？因為，到處都是正確答案，就說明每個人都覺得自己給出的答案是正確的。

這時，其實也就沒有什麼正確答案了。就像我們這個真實的世界中，每位管理者遇到的問題——員工、客戶、股東，站在每一方角度給出的方案，都是對的。但是你要怎麼抉擇？考慮誰的利益？這才是真正的難題。所以這句話，說出了很多管理者的真實處境。

什麼處境？即每個管理者其實每天都在管理著一些沒有正確

答案的事。很多事情是沒有辦法達成共識的。有共識的，有唯一答案的，都是簡單問題。

所以，當你面對一個很多人給你不同答案的問題時，不要沮喪，不要覺得大家是在爲難你，這恰恰說明大家相信你這個管理者，希望透過你來達成共識。作爲一個優秀的管理者，你的價值和責任就是來處理這種沒有共識的難題；遇到問題，不斷往前摸索，試錯，調整。

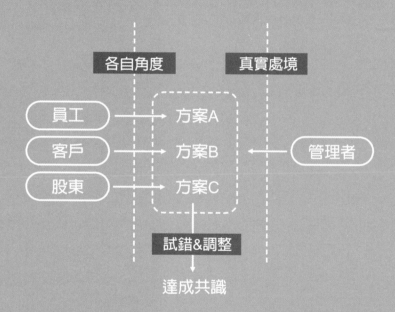

自燃、可燃、阻燃、助燃

自燃、可燃、阻燃，是稻盛和夫說過的。大意是，員工大概分為三種。

1.自燃型員工

他們無須激勵，自己就可以燃燒，自己就想著要把事情做好。自我驅動，自我燃燒。

2.可燃型員工

自己沒有辦法發光發熱，沒有很強的進取心，但是在適當的激勵之下也可以燃燒，需要別人在後面推他一把。

3.阻燃型員工

完全燃燒不起來，怎麼點都點不著。

那管理者應該是什麼類型呢？助燃型。

作為管理者，你應該合理分辨你的員工是什麼類型的，然後更多地發掘自燃型員工，推一把可燃型員工。

這才是你作為管理者的核心能力：把自己當作助燃劑，幫助自燃、可燃型兩類員工燃燒，發光發熱。

人在害怕時候的勇敢，才是真的勇敢

《權力遊戲》（Game of Thrones）[28] 裡有這樣一段對話：

布蘭：人在恐懼的時候還能勇敢嗎？

奈德：人唯有恐懼的時候方能勇敢。

為什麼人在害怕時候的勇敢，才是真的勇敢？因為，害怕是每個人都有的正常的情緒。

作為管理者，你會面臨各種壓力，遇到各種突發情況。你會沮喪，會失落，甚至會害怕。如果在這種害怕的情況下，你還能去戰鬥，去解決問題，而不是選擇退縮或者逃避，這才是一位真正的管理者，這才是真的勇敢。

站在旁觀者的角度指點江山，展現出來的勇敢，都不是真正的勇敢。就像羅曼‧羅蘭所說，世上只有一種英雄主義，就是在認清生活真相之後依然熱愛生活。

28　編注：喬治‧馬汀所著之奇幻小說《冰與火之歌》的第一部。

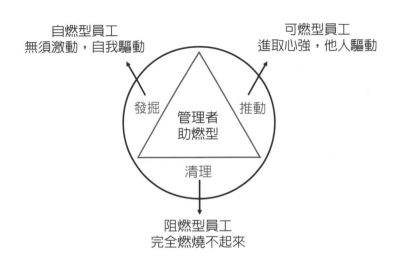

自燃型員工
無須激動，自我驅動

可燃型員工
進取心強，他人驅動

發掘　推動

管理者
助燃型

清理

阻燃型員工
完全燃燒不起來

真正成熟的人，看誰都順眼

有的人總是看誰都不順眼，這是極度不成熟的表現。

有的人，只跟自己喜歡的人打交道，而跟另外一群人就是玩不來，這是中間成熟的表現。

為什麼看別人會不順眼？那是因為他站在他自己的視角，去看一件事，去看一個人。他會覺得這個人怎麼會這樣做事，要是我，我肯定不會這樣做。但其實，每個人的決策都有他的合理性。

那個人之所以那樣做，很可能他是在一個複雜的環境和苛刻的限制條件下做出的抉擇。所以，**看誰都不順眼是極度不成熟的**

表現，看一部分人不順眼是中間成熟的表現。

看誰都順眼的人，才是真正成熟的人。

為什麼？因為這樣的人總是站在對方的角度，理解對方做事情的原因，理解對方的處境。他們更願意去理解別人，更願意站在別人的角度去思考問題。所以看誰都順眼。看誰都順眼，就表示認同對方的任何觀點嗎？不是的。順眼並不代表認同，不代表他認為對方就是完全正確的，不代表「換成我，也會這麼做」。他可能一輩子都不會那麼做，但是他知道這是站在對方的角度，思考對方的選擇、對方的價值觀、對方的邏輯。

如果一個真正成熟的管理者看誰都順眼，也就意味著他承認並且接受真正的多樣性。史考特・費茲傑羅（F. Scott Fitzgerald）有一句名言：「一個人同時保有兩種相反的觀念，還能正常行事，這是第一流智慧的標誌。」這才是一位優秀管理者應該具有的素質。

以上，就是給管理者的七項建議。

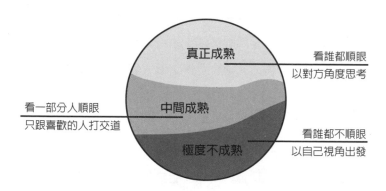

管理者的溝通心法

永遠不要成為批評情緒的奴隸，試著成為駕馭情緒的主宰。

波特定律

在日常管理中，很多時候，當下屬犯了錯誤時，管理者都會嚴詞批評一番，有時甚至將員工晰得狗血淋頭。

在他們看來，似乎這樣才會起到殺一儆百的作用，才能體現規章制度的嚴肅性，才能顯示出管理者的威嚴。

然而，這樣做的效果真的好嗎？英國行為學家波特說：「當遭受批評時，下屬往往只記住開頭的一些話，其餘就不聽了，因為他們在忙於思索論據來反駁開頭的批評。」

「越批評，越火上澆油。」

人們將波特所說的這種現象稱為「波特定律」。

當下屬做錯了某件事情的時候，管理者的指責可能是必要的。目的是喚起下屬的責任心，讓他改正，在他的腦子裡形成一種警示，以後不再犯同樣或類似的錯誤。但是，並不是所有的批

評都可以達到這樣的目的。因為批評和被批評的過程，通常不是在心平氣和的「情緒場域」中進行的。

並且當下屬遭受批評過多時，情況會更加糟糕。

有的時候過於關注員工的錯誤，尤其是公開批評的時候，會大大挫傷員工的積極性和創造性，甚至導致員工產生對抗情緒，這樣就會造成非常惡劣的後果。

那麼，如何避免波特定律的影響呢？

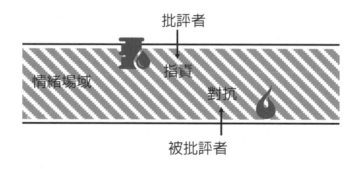

對事不對人

首先，修練同理心，做到「對事不對人」。

這看似簡單，但是當溝通雙方情緒場域處於緊張繃緊狀態的時候，卻往往容易演變成劍拔弩張的「對人不對事」。

舉個例子。

你覺得員工沒有團隊合作精神，如果你直接說：「小王，我覺得你沒有團隊合作精神。」這就是在評價人。而如果你說：「小王，在這件事情上，我沒有看到團隊合作精神的展現。」這就叫作評價事。

　　「小王，我覺得你工作不積極。」這是評價人。

　　「小王，我沒有在這個十萬火急的專案上，看到你積極的表現。」這是評價事。

　　「小王，我覺得你人品和價值觀有問題。」這是評價人。

　　「小王，你是一個自驅力很強、價值觀很正的人。我一直很相信你。但是在這個事上，我覺得你面對壓力慌了神，你是有著明確的對錯價值觀的。明明是忘記做了，因為知道事情的嚴重性，卻沒有勇氣承認自己忘記的事實。」這是評價事。

評價人和評價事，有什麼區別？

你覺得員工沒有團隊合作精神，價值觀有問題，但真的是這樣嗎？

也許員工自己並不這麼覺得。

在另外一件事上他明明表現得非常有團隊合作精神，價值觀非常堅定，做事很有激情。

所以，你不能定性地說他就是價值觀有問題，善惡不分，沒有是非觀。

這就已經上升到了「人品降維攻擊」。

把一件「已經發生，有待挽回」的事情推向了「更加失敗，無可挽回」的惡意深淵。

然後，管理者在「確認偏見」效應的影響下，常常是先下結論，再去尋找對結論有利的證據。

什麼是確認偏見？

當你認定了一個觀點時，大腦會持續、有選擇地去尋找證據來證明自己的觀點是對的，同時對那些證明是錯的證據，則有選擇地忽略和無視。

比如網路盛傳地域黑[29]。當你不在乎真相的時候，你會找100個例子來證明你眼裡地域黑的正確性。

當你認為一個人是壞的，價值觀不對，你就會持續找例子來證明你是對的，而不在乎真相。

29　編注：指地域歧視，抹黑特定地區的意思。

你只能說，在某一件事情上，他表現得——或者說至少在你看來，團隊合作精神還不夠，做事方法還不夠成熟。

每個人對自己都是認可的。甚至有時連無惡不作的壞人，都堅定認為自己的殘暴是「伸張正義」。如果你否定對方這個人，那麼勢必會受到對方的牴觸。所以記住，在向員工傳遞負面反饋的時候，「對事不對人」。永遠不要進行「人品降維攻擊」，永遠假設人是對的，只不過是事錯了。

站在對方的角度去思考，讓對方感到舒服，順應人性，這就是同理心。

看似很簡單，但卻要花一輩子時間來修練。

同理心，能讓你面對委屈時不至於紅眼睛，面對挑釁時不至於紅脖子。能讓你在面對複雜溝通時，不淪為情緒發洩的奴隸，而是成為駕馭情緒的主宰。

你所能交流、接觸人群的廣度和深度，決定了你能在這個社會中獲得的高度和深度。而同理心是這一切的基礎。

要反對，而不是批評

進行批評教育時，要掌握員工的心理規律：

「人們不喜歡被批評，不願意接受訓斥，一旦聽到批評的言語，總想著找理由爲自己的失誤辯解，這是人們的心理客觀規律。」

「客觀規律是難以違背的。客觀規律不以人的意志爲轉移。」管理者面對員工的錯誤時，往往氣血上湧，痛罵一頓，恨不得把員工從窗戶扔下去。

然而，將員工罵個狗血淋頭，只會讓雙方關係緊張，無益於改進工作。

滅火的方法，不是澆油，而應先採取鼓勵的方式，對員工以往的成績進行肯定，最大限度地消除其心理牴觸情緒。然後再幫助員工找出工作失誤的具體原因，使員工在內心深處理解管理者的良苦用心，不斷促進他們改正錯誤，提高工作質量。

傑克·威爾許（Jack Welch）曾說：「當人們犯錯誤的時候，他們最不願意看到的就是懲罰。這時最需要的是鼓勵和信心的建立。首要的工作就是恢復自信心。」

爲什麼要反對，而不是批評呢？

反對，是表示我不同意你的觀點，我講出爲什麼不同意。

批評，是我認爲你的觀點是錯的，我講出爲什麼你錯了。本質差別，是有沒有把自己放在必然正確的位置上。

誰也不會必然正確。

比如，你的下屬爲了和你完成銷售額增長這個目標，他說需要增加拜訪數量。

但你不這麼認爲。你認爲資源上已經沒辦法支持你們再增加拜訪數量了，只能想辦法提高轉化率。

可下屬還在滔滔不絕地說。這時，你會怎麼辦？

你是直接打斷他，並告訴他公司已經沒有足夠的客源支持你們增加拜訪數量了，還是仍然耐心聽他講完，然後說：「你的想法確實很好。增加拜訪數量確實是一個提高銷售額的好辦法，不過我認爲我們不太適合用這種方法。因爲公司沒有足夠的客源支持我們這樣做了。我建議，我們應該想辦法透過優化拜訪流程等手段，提高轉化率。」

表面看上去，這不一樣嗎？還浪費了時間。但其實不一樣，仔細體會。

從你和下屬的關係上來說，第一種是高下關係，第二種是並排、平行關係，表示你和下屬的目標是一致的，你們共同努力。

彼得・杜拉克（Peter F. Drucker）說：「管理的本質，就是激發善意。」

你是要一個不主動思考、只聽話的下屬，還是一個會主動思考、和你並肩戰鬥的戰友？

如果是後者。我建議你，要反對，而不是批評。

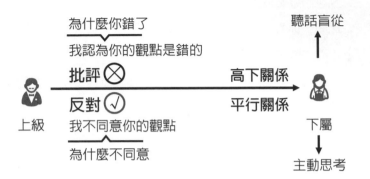

認知協調

你說對方是好人，對方就會變成好人。在進化島社群，我對同學們說：

人性有善的一面（透過努力獲得成功），也有惡的一面（不勞而獲、貪污受賄）。

作為管理者，要理解人性的多樣性，不要測試人性。

好的管理，不僅僅是一句「我相信你」，還要有「如果你破壞了我的信任」後的雷霆萬鈞。嚴重時，揮淚送進監獄。

懂得激發人性善的，還不是一個完整的管理者。

懂得用制度抑制惡、懲罰沒有抑制住的惡的，才是傷痕累累的成熟的管理者。

當有一天你能意識到並平靜面對以下事實時，說明你成熟了。

①你的團隊絕大多數都是好人；

②抑惡揚善的根本，是制度設計；

③但即便這樣，也有壞人藏在你的團隊中。

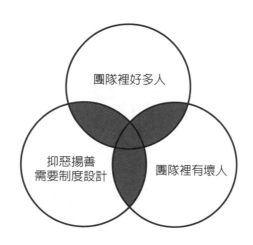

那麼，當你發現團隊裡真的有壞人，動機不純，價值觀不正，在用「惡意」指導行為，上班不想著工作，就一心謀劃著對你不利時，該怎麼辦？要去找他當面理論嗎？說：「你為什麼傷害我？你是故意的？還抵賴？我有證據！還不認錯？」

這樣可以嗎？可以。但做法可能還不夠「高級」。

這麼做，可能當下能制止他對你的不利和傷害，但幾乎可以肯定的是，你從此多了一個敵人。

沒有人會認為自己是那個「壞人」，就算他做了壞事，也一定為自己找好了理由。

你戳穿他，他也一定本能地從內心認知協調出發，維護自己的動機。你把他當壞人，他也就把你當成壞人。

只有這樣，他才能睡得著覺。這種「壞人記仇」的故事，被拍成了無數電影，還有無數宮鬥劇……

「高級」的人，可能就不會這麼做。因為他們知道，絕對不能攻擊對方的動機。一旦攻擊了對方的動機，即便你大獲全勝，可能隨後就埋下了一顆定時炸彈。

「高級」的人，會這麼溝通：

我注意到你最近做了件什麼事（描述行為），我知道你是出於好意（肯定動機），我看出來了，你還瞞著我，我非常感激，謝謝。

雖然這份好意沒有真的起作用，甚至對我有些不好的影響，但我還是很感激（表達善意）。

如果你能那樣做，就更好了（給出建議）。

堅持說、堅持說，對方也會以為：

自己做這件事，就是出於善意，自己是好人（這很重要）。

然後，同樣出於認知協調的原因，他會改變自己的行為，讓自己做的事情符合善意這個動機。

他又能睡著覺了。不過這次，你也會睡得很香。

你說對方是壞人，對方就會變成壞人；你說對方是好人，對方就會變成好人。

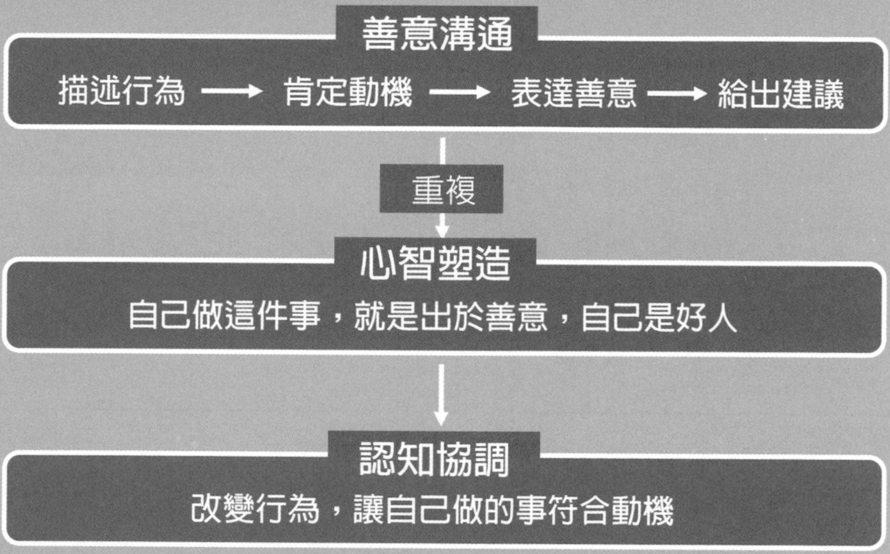

善意溝通

描述行為 ⟶ 肯定動機 ⟶ 表達善意 ⟶ 給出建議

重複

心智塑造

自己做這件事，就是出於善意，自己是好人

認知協調

改變行為，讓自己做的事符合動機

聽上去很神奇，但這就是「認知協調」的力量。利用認知協調改變人，是「高級」的打法。我身邊「高級」、有領導力的人，都這麼做。透過認知協調的溝通心法，來激發員工的善意。

多用建議，少用批評

在進化島社群，我對同學們說：

人對事業的熱愛，發自內心想要成為更好的自己的激情和驅動力，對人的同理心，是根。

根不爛，就有生命力。

一定要謹慎使用批評。不僅是對下屬，對所有人都是這樣。因為批評是個「強大到弱小」的工具。

首先，批評這個工具很強大。當所有人都在誇一個人時，你只要站出來說一句：「他的動機你們又不是不知道，有必要這麼不顧事實地誇嗎？」立刻，絕大部分人就不說話了。

為什麼？因為相對於表揚來說，批評自帶資訊優勢（他一定知道些我不知道的內情，所以才敢批評，我傻了，表揚早了）；批評自帶力量（批評用的詞語，通常更斷然，更極端，更有攻擊性，更富感情色彩）。

所以，人們喜歡批評。因為批評這個工具，非常強大。但是，從結果上來說，批評也因此而弱小，批評有種阻斷溝通、到此為止的力量。

那麼，然後呢？然後大家都閉嘴了。或者，就吵起來，甚至打起來了。

真正強大的，是建議。

我曾經有位老闆（微軟大中華區副總裁），和我講過他向卡莉・費奧莉娜（Carly Fiorina，就是後來惠普全球CEO，還參選過美國總統）彙報工作的故事。遇到任何問題，卡莉從來不說「這不行，這個想法很愚蠢」，而是說「**這個想法很棒，如果能在××方面再完善一下，估計可行性會大大提高**」。

每次，我這位老闆都滿懷激動地走出卡莉的辦公室。

這就是批評和建議的區別。批評專注於缺陷，建議專注於如何彌補缺陷。建議比批評，高級整整一個段位。告誡自己，儘量減少批評。因為它強大到弱小。以後多用建議替代批評。

結語

上面4個溝通心法，希望對你有所啓發。

①修練同理心，對事不對人；

②要反對，而不是批評；

③透過認知協調的溝通心法，來激發員工的善意；

④多用建議，少用批評。

眞正的溝通高手，都能在複雜溝通場景之下，游刃有餘。永遠不要成爲批評情緒的奴隸，試著成爲駕馭情緒的主宰。相信自己，你可以的。

共勉。

員工心流是可以被管理的

下面我們來聊一個話題：心流。到底什麼是心流？如何管理員工心流？

心流，通常用來描述當一個人投入某一項任務時，感受到的愉悅狀態。

心流，是心理學家米哈里‧契克森米哈伊（Mihaly Csikszentmihalyi）提出的一個概念，也是每個人都想追求的一種狀態。

你有沒有過這樣的經歷：當你在做一件事的時候，不願意被打斷，甚至都會忘記時間，忘記吃飯，通常這時候就進入心流狀態了。比如，工程師在寫程式的時候，如果他跟你說，再給我半小時，結果一下5個小時過去了，他都沒有意識到，這就說明他進入心流狀態了。

因為心流狀態是一種非常專注、高效的狀態，所以我們都希望自己能夠進入這種狀態。但大多數時候，我們是體驗不到心流狀態的。

為什麼呢？這就要說到物理學中的一個概念「熵」（Entropy）。熵指的是無序的量度。比如，熱的物體會自動向涼的物體傳遞熱量，能量轉化過程中就一定會出現損耗，所以物體的濃度總是趨於擴散，結構趨於消失，有序會趨於無序。

這就是物理世界的熵。

米哈伊把這個概念遷移到了心理學，提出了一個概念叫「精神熵」。

精神熵是指人的意識也會自發變得無序和混亂，一旦意識變得無序，也就意味著，人的內心失去了秩序，會變得焦躁不安。

精神熵是和心流狀態完全相反的一種狀態，會帶給人不好的體驗。但是我們大多數時候處於精神熵狀態。

心流的特徵

如何來對抗精神熵狀態呢？獲得最優體驗，也就是進入心流狀態。

那麼，到底怎樣才能進入心流狀態呢？心流狀態是一種可遇不可求的隨機狀態，還是有規律可循呢？

米哈伊發現，心流狀態其實會受到一些因素影響。也就是說，我們可以創造一些條件，從而進入心流狀態。比如，有清晰的目標。米哈伊透過實驗發現，當一個人沒有目標、無事可做的時候，就很容易陷入空虛、焦慮、無聊的情緒裡，也就是前面說

的精神熵。相反，當一個人有清晰的目標的時候，更容易集中注意力。而他的行為也會更有指向性，這時候反而更容易進入心流狀態。

當人們感到焦慮、無聊時，就會陷入負面情緒中，打亂原來的生活節奏，突然之間覺得沒有了目標。人們原來就像希臘神話裡的西西弗斯一樣，每天把石頭推上山，日復一日。可是有一天早上，一睜開眼，發現石頭不見了，突然之間就不知道接下來該做什麼了，內心失去了秩序感，就開始慌亂、焦慮。

怎麼辦？重新建立起秩序，找到一塊新的石頭。比如，給自己定一個看書或鍛鍊的目標，無法控制外部環境變化，那就重新建立自己的內在秩序。

但是，光有目標還不夠，進入心流狀態的另一個特徵是，你所做的事情要難度適中。也就是說，你所從事的活動，和你的能力相匹配。對你來說，任務不能太難，也不能太簡單。太難，容易產生挫敗感，會很焦慮；如果太簡單，不費力就能搞定，就感受不到成就感。最好的狀態是，目標難度適中，不至於拚了命都不能完成，也沒有那麼容易就能完成。

另外，還需要即時反饋。比如，你花了很多時間做了個方案，交給領導後，被表揚了。這種正向反饋，會讓你備受鼓舞，工作更有動力。因為即時反饋，讓你及時看到了自己的進步。然後「進步—表揚—進步」，循環往復，就形成了一個正向的增強回路。

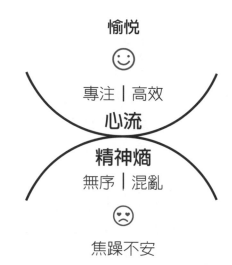

愉悅

專注｜高效
心流
精神熵
無序｜混亂

焦躁不安

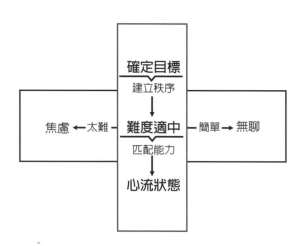

確定目標
建立秩序

焦慮 ← 太難 — 難度適中 — 簡單 → 無聊

匹配能力
心流狀態

管理員工心流

　　既然進入心流狀態有規律可循，那麼對管理者來說，就可以透過管理員工心流，幫助員工擺脫低效的工作狀態。

　　但是，從經驗來看，在分配任務的時候，管理者更傾向於分配員工他更熟練的工作。比如，有員工入職後，你安排他去負責包裝的事情，剛開始可能有點生疏，但是後面越來越熟練了。熟練到這件事對他來說，已經沒有任何挑戰了。別人包裝一個，他能包裝兩個。這時候，員工就會開始覺得無聊了，已經沒法從這件事中獲得樂趣了。

　　怎麼辦呢？增加難度，讓他去做一些更有挑戰性的事情。

　　這其實是一件反直覺的事情，因為從管理者的角度來說，做熟悉的事情更高效。但是太熟悉，員工就會對工作失去興趣，這時候，就需要適當增加一些難度。

　　雖然剛開始可能有點兒難，但為了突破難關，員工就會更專注，從而達到一種心流的狀態。

　　阿里有一項規定，就是三年動一動。如果員工在一個位置上的時間太久，就容易沒有激情。所以要增加一些難度，讓他覺得這個工作是有挑戰的，一旦有挑戰，他就會從無聊的狀態中解脫出來。

　　但是，要讓工作難度和個人能力相匹配。因為高能力的人做低難度的事容易無聊，能力一般的人做高難度的事容易焦慮。如

果做一件事不是無聊就是焦慮，這種體驗就沒法讓人堅持下去。

　　但在焦慮和無聊之間有一個空間，就是心流通道。更加精確地說，當難度略高於技能5% ~10%的時候，更容易進入心流狀態。

　　當然，還要對員工做出的成績，給予即時反饋。

　　當一個人從事的工作，目標明確、可以得到即時反饋，並且難度適中，他就更容易進入心無旁鶩的心流狀態。可能過了2小時，就好像只過了2分鐘一樣，工作效率會大大提升。

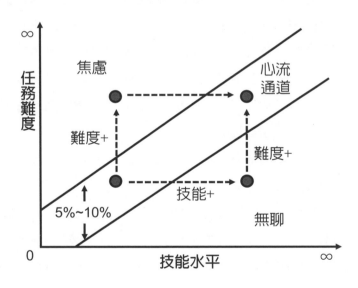

結語

　　心流狀態，是我們很多人都期望擁有的一種狀態。

　　很多人覺得，既然這是一種愉悅的狀態，那休閒娛樂是不是更容易獲得心流體驗？

　　心理學家研究發現，人們大部分的心流體驗其實是在工作中獲得的。

　　為什麼呢？因為心流體驗具備一些特徵：比如，明確的目標，做的事情難度適中，有即時反饋。這些特徵恰恰也是工作需要具備的。

　　這也意味著，員工的心流是可以被管理的，管理者可以透過管理員工的心流，來幫助員工提高工作效率。

管理者的實踐

關於管理，最近的七點感悟，分享給你。

讓員工以做老闆的心態打工，是管理者的自我麻醉劑。很多管理者喜歡感嘆：

「不要太在意工資，要多承擔責任，才能成事。」

「要以做老闆的心態打工，你是在爲你自己工作。」

「現在的年輕人啊，普遍吃不了苦，動不動就離職。」

「996[30]是對你好，重要的是成長。」

對於這些老闆和管理者的感嘆，我只能說：永遠不要期望你的員工能「以做老闆的心態打工」，除非你眞的讓他成爲老闆之一。有這種覺悟的員工如果不能在你這裡成爲老闆，歷練完一定會去別的地方成爲老闆。

這個世界是公平的，只讓員工承擔更多責任，沒有相應多出來利益，「讓員工以做老闆的心態打工」，是管理者的自我麻醉劑。

30　編注：是指一種「早上9點上班，晚上9點下班，每周工作6天」的工作時間制度。

管理最後就五個字：責、權、利、對、等。

責，是結構問題；權，是授權問題；利，是激勵問題。

激勵的目的，是激發善意，改變行為。工資發給責任，獎金發給超額業績，股權發給潛力。你需要瞭解員工的需求，而不是把自己以為好的東西提供給他。

之前網路上流行一段文章：

情懷、願景、戰略、理想、夢想，對於絕大部分員工來說，太過遙遠。負債、生存，卻近在咫尺。給錢，給超出他們預期的錢，讓員工創造的價值得到豐厚的回報，才是對員工最大的尊重。

發現盲點

你必須承認，別人可能知道一些關於你的，連你自己都不知道的事情（盲點），就像你知道你有一些關於自己的事情從未告訴別人（隱私）。好的管理者，不斷瞭解自己，發現盲點，突破思維局限，開啟潛能，並幫助別人瞭解他們的盲點。

再小的公司，也有江湖。如果你在乎別人對你的評價，喜歡聽好話，別人就能利用這一點來影響你，甚至掌控你。你喜歡聽好話，你身邊就會圍上來一圈說各種甜言蜜語的人，你離真相就會越來越遠。

拆解任務

很多管理者對於下屬KPI的擬定標準，認識是不準確的。替下屬擬定標準是拆解，不是拆分。什麼是拆分？比如一個大區域的KPI是1000萬元銷售目標，10個城市經理每人領走100萬元的銷售任務。

區域經理可能會再給自己下面10個一線業務每人10萬元的業績任務。為了以防萬一，還可能會給下面暗中加碼。上面是1000萬元的業績任務，最後下面合起來是1100萬元。然後彼此博弈，討價還價。這可能是大部分公司的現狀。

什麼是拆解？1000萬元的銷售業績是結果，我們要試著還原出做到1000萬元前面的動作，拆解KPI。比如說做到1000萬元，每個客戶的客單價是多少，拆解計算出要成交多少名客戶；根據歷史轉化率，想要有那麼多成交用戶，又拆解出需要拜訪多少客戶；想要找到這麼多客戶，再拆解出可以去哪些通路找到他們……一步一步拆解成動作，讓下級清楚地知道應該做什麼，可以完成自己的目標，才是一個合格的管理者。

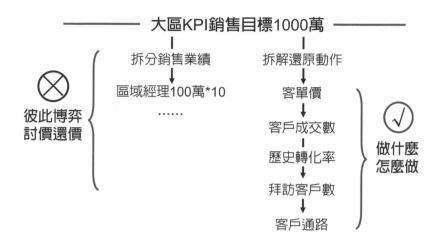

「造鐘人」

爲什麼說滿分OKR，是一件壞事？什麼是OKR？O，就是Objective，目標；KR，就是 Key Results，關鍵結果。

OKR，是最早由英特爾公司使用，後來在Google公司火起來的目標管理方法。簡單來說，OKR就是年初你結合公司、老闆以及自己認爲重要的事，定好「O」以及與之對應的「KR」。然後努力做一年。年底，用「KR」來評估這個「O」做到了沒有。有了「O」之後，你的心中裝的就不是今天我有沒有在老闆面前展示自己了。因爲那個沒用。你心中裝的，開始是那個「O」了。

有一本書叫《基業長青》（Built to Last: Successful Habits of Visionary Companies，遠流出版），裡面講過「報時者」和「造鐘人」的區別。下屬來問，老闆，老闆幾點了？你說 3:30。又有下屬來問，老闆，老闆幾點了？你說4:15。你一直在報時，在幫助下屬做決策。那麼多人，天天問你幾點了，問你怎麼辦，你會非常辛苦，還容易出錯，最終會累死。

為什麼？因為牆上沒有一座鐘。你就是大家的鐘，你的決策就是大家的目標。好的管理者，是「造鐘人」。造鐘人造的，是一座基於目標的管理的「鐘」。我現在應該做什麼？看看牆上的目標。我現在有沒有落後於進度？看看牆上的目標。我年底能不能獲得獎勵？看看牆上的目標。這樣的管理者，才是優秀的管理者。

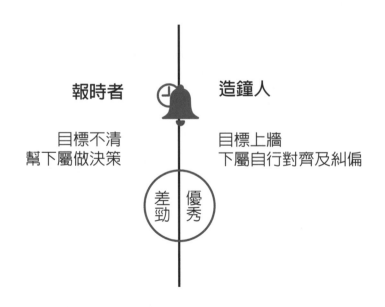

激勵相容

激勵相容，是指私利與公利的一致。每個人都有自私的一面，如果能有一種制度安排，員工越自私，公司就越賺錢，這種制度，就是「激勵相容」制度。如果不相容會發生什麼情況呢？員工會為了提高自己的業績，為了產品更好賣，用極低甚至虧本的價格把東西賣出去。

舉個例子。你買了幾本書，今天到貨了。送書的快遞員告訴你：「下次買書儘量多下單，每單少買些。」你很不解。快遞員說：「我們是按件計費，這樣一大箱子才賺1塊5，不太合算。」

個人利益和公司利益沒有用制度統一起來，就會導致員工為了個人利益，說服客戶損害公司利益。

不要凡事都親力親為

我在微軟剛從技術轉管理的時候，什麼都不放心。後來悟到，一直這樣的話，永遠都只能做一個人的事，並且別人閒死，自己累死。

衡量一個管理者管理能力的高低，不在於其做出了多少業績，因為像項羽這樣的人，一個人就能夠橫掃千軍，很厲害。但問題是衡量管理者管理能力主要的標準，是看其培養出了一個什

麼樣的隊伍，帶出了多少能夠帶兵打仗的人。

所以你要記住，不要凡事都親力親爲，要給員工一定的試錯空間，並且培養他成長。管理，就是一群人共同去完成一件任何個人都無法完成的使命。每個人都不完美，他絢爛奪目時，你要看到他的陰影。他陰霾遮蓋時，你也要看到他的光亮。

成大事者，不委屈

爲什麼很多人下班後，總喜歡在車裡待一會兒？車裡是一個很安全的空間，是一個陌生人無法闖入的天地。車裡會讓你短暫地逃避，逃避工作的繁重，逃避家庭的瑣碎，逃避生活的委屈。

在白天，你有很多身分，你屬於任何人，卻唯獨不屬於你自己。只有夜幕降臨，在車裡停留的片刻，你才感覺到，這一刻你是屬於自己的。下車之後，又要故作堅強。因爲，下車後的世界，周圍都是要依靠你的人，卻沒有你可以依靠的人。

作爲一名管理者，在管理過程中，你一定還會遇到一些挫折，感受到下屬不配合、領導指責等。如果你認爲你的方法得當，那我建議你，就把這些「委屈」統統嚥下去吧，不要在下屬面前生氣，不要在領導面前不滿。

你能扛多大的責任，承受多大的委屈，就能帶多大的團隊，做多大的事情。別忘了，你的身邊，還有需要依靠你的人。成大事者，不委屈。

看淡生死，穿越周期

不出差的時候，我會和公司的小夥伴們吃辦公室午餐。因為平常很忙，和他們交流也比較少，所以我很珍惜這一小段來之不易的時間。公司幾位年輕的小朋友，問了我一個特別重要的問題：如何看待生死？

我想這個問題不僅對他們有幫助，對其他年輕人，對你，對一些創業者及管理者都有啓發。

我經常覺得，他們太年輕了。年輕到還沒有足夠的經驗和閱歷去搭建對於商業世界的認知框架，完善對於商業世界的本質理解。有機會的時候，就要給這些小朋友「補補課」。而理解「生死」，一定是一門必修課。

對大多數人而言，他們欣喜「生」的萌芽、開花和結果，卻害怕「死」的枯萎、凋零和敗落。他們期待的是煙火綻放時的璀璨，卻擔心煙火消逝後的淒清。所以他們也常常無法接受，人為什麼會老去，企業為什麼會衰落。

這也是為什麼，人總想著要長生不死，企業總想著要基業長青。這種對「生」的執念，也有著另一個名字：永恆。所以我們會說「海枯石爛」，會說「山無陵，天地合，乃敢與君絕」，會說「鑽石恆久遠，一顆永流傳」。

但是世界的另一番樣貌，卻是「滄海桑田」，卻是「鬥轉星移」，卻是「三十年河東，三十年河西」。世界不僅有生，還會

有死。生生死死，生死不息。「生死」在商業世界裡的另一個名字，就是「周期」。

明白「生死」，理解「周期」，意味著什麼？我說，意味著你們可以少一些恐懼，多一些豁達；少一些惶恐，多一些淡定。因為時常有人和我說，自己喜歡的這家產品沒了，欣賞的那家公司倒了，非常難過，不知道怎麼面對。

說實話，我也不太知道該怎麼回復。因為自己是一名商業顧問，來找我的企業，大多是要治病，甚至救命。見慣了生死，覺得這是一件太正常不過的事情。前些年的時候，做社群、團購、網購的產品和公司也很多，最後也死了一大堆，只剩下現在我們知道的幾家。就連Google這樣的大公司，也放棄過上百種產品，比如我們熟悉的Google+、Google Reader……所以，生死真的很正常。

但是站在他們的角度，他們也許沒見過，沒經歷過，又寄託了自己很多的時間和情感，一時難以接受。想了想，可能我最後只能這樣安慰：不要難過。這是企業和產品的生命周期，生死是自然規律。他們的「死」，能讓被占據的資源重新有效分配。又或者是，他們要用一場戰役的失敗，換取一場戰爭的勝利。這是用「死」，尋求「生」。默默祝福吧。

有時，還有人會和我說，經濟遇到挑戰，特別害怕，不知道該怎麼辦。我說，你真的不知道怎麼辦嗎？你知道要關注現金流，知道要砍掉不賺錢的長尾業務，知道要收縮投資，知道要重

視客戶……這些你都知道。你真正不知道的、害怕的，是你還不理解的經濟周期，覺得它會毀天滅地。

如果你真的理解，你就知道周期一定會來，也一定會走。不會因為春天輕易歡呼雀躍，也不會因為冬天過分黯然神傷。真的理解「周期」，你就會看淡生死，只是默默經歷四季，穿越周期，不再害怕了。所以，**我希望公司這些年輕人明白「生死」和「周期」的意義，這不過是商業世界的大海中起起落落的浪花而已。**

我和他們說，明白這一點，對你們特別重要。因為你們未來精彩的人生裡，會目睹甚至經歷很多「生死」。在這個流動變化的時代，你們的生命周期會覆蓋絕大多數企業和產品的生命周期。你們可能不會永遠待在一家公司，不會永遠做一份同樣的工作。

這些變化，有的是你主動選擇，有的是你被動接受。但無論如何，當你們能理解和接受「生死」時，在每一段旅途的終點，每一段關係結束時，便能更坦然地接受離開和告別。也許有一天，你們還獨當一面，自己創業了，你們更要明白「生死」和「周期」。因為你會發現，如果想要完成自己的目標和理想，會經歷許許多多的周期，只「死」一回是不夠的，你可能要「死」八百遍，才能走到心中那個遙遠的彼岸。

結語

　　這個世界上，每天都有人在慶祝新生。但是這個世界上，每天也有人在慶祝死去。因為死去，就是新生。

　　對於年輕人來說，當你們明白「紅白皆喜事，生死有周期」時，也就更能理解和參與這個美妙的商業世界。對於那些還在堅持的公司來說，這是一種接受，也是一個鼓勵，更是一份祝福。

　　在艱難的時刻，有這樣的心態，也許能更好地看淡生死，穿越周期。

　　如果還是沒能成功呢？那就再換條命，然後繼續。

REPLAY
➡ 復盤時刻

1. 什麼叫扛目標？扛目標的意思，不是說這個目標可完成可不完成，而是必須得完成。

2. 人才，是企業最重要的資產，甚至是唯一的資產。

3. 作為管理者，低位員工，你要給安全感；中位員工，你要給公平感；高位員工，你要給目標感。

4. 在給自己的評估結果上打7折，在給別人的評估結果上翻一倍。這樣，你可能會獲得一個更客觀的評估。

5. 《權力遊戲》裡有這樣一段對話：
布蘭：人在恐懼的時候還能勇敢嗎？
奈德：人唯有恐懼的時候方能勇敢。

6. 如果在這種害怕的情況下，你還能去戰鬥，去解決問題，而不是選擇退縮或者逃避，這才是一位真正的管理者，這才是真的勇敢。

7. 看誰都不順眼是極度不成熟的表現，看一部分人不順眼是中間成熟的表現。 看誰都順眼的人，才是真正成熟的人。

8. 費茲傑羅有一句名言：「一個人同時保有兩種相反的觀念，還能正常行事，這是第一流智慧的標誌。」

9. 修練同理心，做到「對事不對人」。

10. 因為你會發現，如果想要完成自己的目標和理想，會經歷許許多多的周期，只「死」一回是不夠的，你可能要「死」八百遍，才能走到心中那個遙遠的彼岸。

PART 6

找到你的旋轉飛輪

商業邏輯

用結構模組搭建商業模型

一切的複雜，都源於其固有的簡單：變數（variable）、因果鏈（Cause-Effect Chain Analysis）、增強回路、調節回路、滯後效應（Lagged effect）。

學習了這5個結構模組的特性後，這裡將以「潤米諮詢」的故事為例，示範如何用這些結構模組，搭建一個商業模型。

為什麼要舉這個案例？

告訴你一個有點暗黑的祕密：想要考察諮詢公司或者商學老師說的是不是真的有用，就看他們用不用自己的理論和方法來經營自己。

2013年，我離開工作了近14年的微軟，創立「潤米諮詢」。我的第一個客戶是自己。

用諮詢的術語說，是要幫客戶搭建有效的商業模型；用大白話說，是要讓一名白手起家的創業者，能把事真正做成。

怎麼搭建？我決定戴上商業洞察力眼鏡，看看諮詢這個行業。

核心存量

諮詢行業有哪些核心存量是關鍵？

麥肯錫的朋友說：成功案例。成功案例，會帶來更多成功案例。

波士頓諮詢的朋友說：深刻的洞察。能治病，才是關鍵。曹陽[31]掰著指頭數：諮詢、培訓、演講、文章、寫書，這5個核心變數相輔相成。

劉芹[32]說：聲譽。那一切都是爲了積累聲譽。都有道理。

這也是人們在面臨重大選擇時經常碰到的問題：好多要素都會影響成敗，哪個好像都重要，但是，到底哪個或者哪幾個才是眞正的核心？

所以，光知道要素本身是不夠的，必須先找到它們之間的「關鍵因果鏈」。

關鍵因果鏈

對創業時的我而言，最關鍵的因果鏈，就是通向收入的因果鏈。

是哪些關鍵的「因」，導致了收入這個必然的「果」？

31　編注：海峽創新前董事長。
32　編注：五源資本（原晨興資本）創始合夥人。

一圈訪談後，我從眾多要素中提純出了一個關鍵的「因」，那就是：聲譽。

你可能會說，這有什麼稀奇的，所有的公司聲譽都很重要啊。沒錯，但對其他類型的公司來說，聲譽未必是第一「因」。

一說到開諮詢公司，很多人總會說：「這個業務好啊，沒什麼成本，不就是人嗎？」

好像有道理啊，諮詢公司不需要先行購置廠房、添置設備，也沒有庫存周轉的壓力，甚至也不需要高額的啟動資金。但是，這些人忽略了一個常識，那就是諮詢公司需要承擔一筆巨大的成本：交易成本。

成功的諮詢公司各有各的成功，失敗的諮詢公司只有一條：客戶不相信你的能力。

因為不相信，所以交易成本就很高：「說說看，你能做什麼？」「你比X好在哪裡？比Y強在哪裡？」「還能再便宜一點兒嗎？」「你能來競個標嗎？」「我們只能先付30%的錢，等看到效果我再付尾款吧。」

這些高昂的交易成本，都會導致一家諮詢公司的成交速度極慢、客戶戰略決心不夠，所以效果不好，諮詢公司自己因此也收不到錢。

所以，聲譽就是讓客戶相信的力量。只有用極好的聲譽降低交易成本，潤米諮詢才可能建立戰略能量，我才算把創業這事做成了。找到「聲譽－（＋）＞收入」的關鍵因果鏈後，我給自己

定了一條鐵律：絕不去客戶現場做售前服務。

不管你是多大的企業家，只要你不願到我的小辦公室來聊，就說明我的「聲譽」還沒有強大到讓你挪步。

只要不是用「聲譽」這個第一「因」贏來的客戶，再有錢，也不是我真正的客戶。不夠強大是我的錯。我的內心獨白是：請原諒我無法服務你，因為我要用這個時間，繼續拚命提升自己。

這就是關鍵因果鏈給你的戰略定力。找到了關鍵要素「聲譽」以及「聲譽－（＋）＞收入」的關鍵因果鏈之後，怎麼啓動這個系統呢？

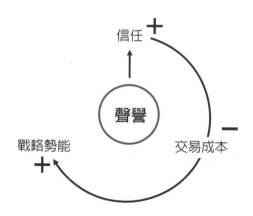

增強回路

CEO 的核心職責，是「求之於勢，不責於人」。我的職責是不斷增強「聲譽」這個「勢」。怎麼做？建立「增強回路」。

首先，是什麼在推動「聲譽」這個核心存量的提升？

作品。我必須有好的作品，企業家發自內心認同的作品，比如醍醐灌頂的文章、透徹有見地的書籍，才能提升聲譽。

然後，是什麼在推動作品的出現？

學識。紙上談兵只會被人嘲笑。我必須參與真實商業，解決具體問題，身處商業前沿，才能有真才實學、真知灼見。

那麼，是什麼在推動學識的積累？

聲譽。只有具備極好的聲譽，才會有很多企業，允許你陪伴，讓你獲得大量真實體感。

「聲譽─（＋）＞學識─（＋）＞作品─（＋）＞聲譽」，一條增強回路，浮出水面。

確定自己的「增強回路」後，我決定，只要不是推動「聲譽、學識、作品」的事情，一律不做。

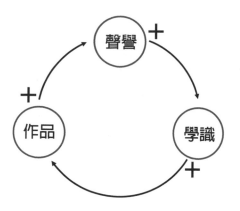

　　有一次，一位前主管打電話介紹客戶給我。我特別感動，但是婉拒了。爲什麼？因爲這位客戶遇到的問題，是一個很常見的管理問題。大多數諮詢公司都能做得很好，所以解決了也無助於提升我的聲譽。這件事不在我的「增強回路」上。

　　有錢不賺，是艱難的決定。

　　華爲說：「不在非戰略機會點上消耗戰略性資源。」

　　這句話很容易說，但是，諸多機會之中什麼是戰略機會點？你的資源裡面哪些是戰略性資源？這不是靠意願和感受就能做出判斷的事。只有戴上洞察力眼鏡，確定自己的「增強回路」，你才會知道眞實答案。

　　所有你以爲的「突然出現式」的成功，背後都有其環環相扣的「增強回路」。

調節回路

推動增強回路加速轉動時，你也必須問自己：未來抑制增長的最低的那塊天花板是什麼？

我知道，是我有限的時間。單價再貴，我的時間也終有賣完的一天。

看到低垂的天花板，我反而很安心。因為我知道，什麼終將到來。於是，我把團隊、產品、資本都先放在一邊。然後，低下頭，繼續推動我的飛輪。

滯後效應

昨天的努力，通常今天看不到回報。

為什麼？因為滯後效應：原因常常不在結果附近。

透過仔細研究，我發現，從聲譽，到學識，到作品，再到聲譽，整個增強回路中，每一段因果鏈上，都嚴重滯後。

那怎麼辦？我選擇飽和式創業。

什麼叫飽和式創業？它不是沒日沒夜地埋頭幹活，斤斤計較於性價比、回報率，而是把戰略資源前置投入，讓結果提前地、確定地出現。

對我來說，就是為每一個「果」，設計三個「因」。然後，等待時間。

我決定，用公眾號、微博以及後來的抖音這三個「因」，共同推動「聲譽」這個飛輪；用商業諮詢、企業家社群、企業家私董會這三個「因」，共同推動「學識」這個飛輪；用線下大課、《5分鐘商學院》線上課程、圖書出版這三個「因」，共同推動「作品」這個飛輪。

到此為止，我給自己搭建的商業模型，就基本完成了。然後，我開始推動飛輪。

2013年11月，我寫下了一本叫作《傳統企業，互聯網在踢門》的書，輕輕推動「聲譽飛輪」；海爾集團戰略部因此來找我，簽署諮詢合同，推動「學識飛輪」；我把諮詢洞察，寫成《互聯網＋：戰略版》一書，推動「作品飛輪」；吳曉波老師來找我在轉型大課上演講，再次推動「聲譽飛輪」；領教工坊來找我擔任私董會領教，再次推動「學識飛輪」；羅振宇老師來找我做《5分鐘商學院》，再次推動「作品飛輪」……

如此往復，越推越快。

這個增長回路裡面，沒有一個叫作「銷售」的飛輪，也沒有一個叫作「收入」或者「利潤」的飛輪。因為，那些都是「果」，而不是「因」。

5年之後，潤米諮詢擔任過海爾、恆基、中遠、百度等企業的顧問，主理擁有34萬學員的《5分鐘商學院》，帶領企業家私董會3年，帶領企業家群體全球遊學7個目的地，出版了18本書。

這一切，都開始於5年前搭建的那個商業模型。

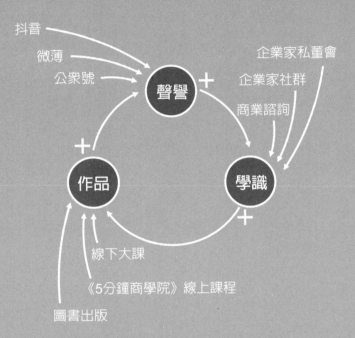

結語

　　以上內容用潤米諮詢的案例，示範如何用5個系統的結構模組（變異、因果鏈、增強回路、調節回路、滯後效應），搭建成一個完整的商業模型。

　　5年創業，看似紛繁蕪雜，但其實我只做了5件事。

　　①找到核心存量：聲譽；

　　②找到關鍵因果鏈：聲譽－（＋）＞收入；

　　③找到增強回路（聲譽、學識、作品），推動增長的飛輪；

　　④找到調節回路（時間限制），打破增長的天花板；

　　⑤承認滯後效應，進行飽和式創業。

　　一切的複雜，都源於其固有的簡單。你學會如何用簡單搭建複雜了嗎？

只要留在牌桌上，就有贏的機會

　　最近和一些創業者、企業家交流，我和他們說：賺錢的邏輯，變了。怎麼變了？競爭越來越激烈，風險越來越高。輸一次，可能就會徹底離場。只有口袋裡永遠保留子彈，手裡永遠握著選擇權的人，才能活下來。而只有活得更久的人，才可能有更多的經驗和方法，獲得更多的收益。

　　我先來講個故事。我，被爆倉[33]了。有一次，我去一家民間金融機構做了一輪調研。他和我說：最近很多上市公司董事長，全國飛，到處見各種民間配資機構。

　　我問：為什麼？

　　他說：求我們不要平倉[34]。

　　什麼意思？民間有很多草根：趙百萬、錢千萬、孫萬萬……他們炒股賺了點兒小錢，覺得自己找到了財富密碼，於是開始加「槓桿[35]」，用配資借錢炒股。

33　編注：「爆倉」是指當投資者交易方向與市場走反導致投資人權益數（淨值）低於最低保證金，而被第三方強制結算。

34　編注：即將原先買入的就賣出，原先是賣出的就買入。

35　編注：指舉債投資於高風險的事業或活動。

什麼是配資？配資的本質，是民間借貸。我有1000萬元，想借2000萬元，用3000萬元一起炒股，擴大收益。賺了錢，大家一起分。

但是，萬一虧了呢？配資公司，有警戒線和平倉線，保證資金安全。如果股價跌破了警戒線，會要求你質押更多資產，保證總值安全；如果跌破了平倉線，會直接賣掉你的股票，收回成本，以求自保。

這些配資公司，用的是自己的錢，非常謹慎。他說，我們做足了所有措施。但是，萬萬沒想到，股價下跌的速度，居然比我們平倉的速度還要快，迅速擊穿了我的本金。我，被爆倉了。

爆倉的，不只是他。大量暗藏民間的配資公司，紛紛爆倉。其實，也不僅僅是這些公司，還有更多的個人，也被爆倉。我經常能聽見和看見，一些人加了很高的槓桿：5倍、20倍、50倍，甚至100倍。

在市場好的時候，槓桿是賺錢的放大器。但是，當市場出現問題的時候，槓桿是風險的加速器。下跌20%、5%、2%，甚至1%的時候，就被爆倉出局了。但是，人們往往無視風險，反而繼續加大槓桿，甚至賣車、賣房、借債，像個發瘋的賭徒一樣投入全部身家衝進市場。然後，血本無歸，懊悔痛苦。最後，甚至輕生。

一個賭徒如果最終面臨爆倉的風險，就意味著他會失去一切。那麼之前無論贏過幾次，贏了多少，都是無關緊要的。因為

一次爆倉，可能就會令其再也站不起來。他們以為自己是在大道上撿黃金，實際上卻是在壓路機前撿硬幣。

真實的世界到底是什麼樣子？

我和這些創業者和企業家說：剛剛這個故事，無時無刻不在發生。爆倉，是一個比喻。這意味著你被請出了牌桌，被清洗出了市場。爆倉不僅僅是發生在資本市場，也發生在你的企業裡，甚至是發生在自己的人生裡。

為什麼我們會面臨著爆倉的可能，面臨著失去一切的風險？因為世界發生了巨大的變化，而絕大多數人還渾然不知。真實的世界，到底是什麼樣子？無法預測的不確定性，風險的可累積性，結果的贏家通吃性。什麼意思？

無法預測的不確定性是什麼意思呢？

世界越來越不按照我們的計畫發展了。仔細想想：我們的職業選擇，我們的創業方向，我們公司增長的目標，我們的生活、交友、婚姻，到底有多少是依據事先的計畫發生的？在這些事情上，我們都無法擺脫隨機性的影響，在真正的政治和經濟大事面前，我們的判斷更是充滿了猜測和錯誤。

如果有人和我說：明年的今天，在距離我家3000公里外的某個海洋會有一場地震，接著引發的海嘯會影響到周邊一個國家，然後這個國家的經濟會受影響，股票市場會有波動，你現在就可以開始做多或者做空，提前布局。

如果有人說這樣的話，我會覺得他瘋了。但是，這樣的人數

不勝數。他們熱衷於評論今天的世界格局,明天的股票市場,後天的價格漲跌。然後,拿著錢埋頭衝進市場。但他們根本不知道,自己是抱著火藥衝進了炸藥堆。

人們喜歡預測和總結,要找到一種邏輯上的關聯和自我說服的解釋。這會讓我們得到一種掌控感。可是,世界往往不會真正讓你掌控,它有自己的計畫。一定記住:我們的預測和總結,總是會很快過期的。

風險的累積性,又是什麼意思?因為生活的隨機性超出我們的想像,所以累積的、不可預測的風險,也常常出乎我們的意料。比如:最後一粒沙子。我們坐在沙灘上,想用沙子蓋一座城堡。我們不斷捧起沙子,把城堡越堆越高,越堆越高,在某一刻你也許會覺得,城堡是這麼壯觀,自己是那麼偉大。你甚至產生了一種幻覺:它會通往天堂。然後,你繼續放沙子,直到某個時刻,城堡塌了。這最後一粒沙子,終於量變產生質變,發生了非線性的影響,壓垮了你親手蓋起來的城堡。

你很驚訝。原來,真的會崩潰啊,以後一定要小心。但是,到底在什麼時候,那引起崩潰的最後一粒沙子才出現?你真的知道嗎?也許98%的人都不知道,最後竟然也慢慢忘記了風險的存在。還有1%的人,甚至說永遠不會,城堡真的能通往天堂。只有1%的人,真正能意識到風險的累積,在某一個時刻會爆發。最後,當風險爆發時,99%的人,都被埋在了沙子底下。

結果的贏家通吃性,是什麼意思?風險是非線性的,收益也

是不對稱的。贏的人，會拿走很多很多，甚至所有。比如：音樂行業。100年前，當你想要聽音樂時，你要走進現場。為你表演的，是成千上萬的音樂家。這些音樂家的水平有差別，收入也不同，但不會差太多。因為他們都走進了劇場，都有自己的聽眾。但是，由於錄音技術和網際網路的發展，今天你可以聽到最優秀的演奏，也可以欣賞到最好的表演，卻不用離開家門半步。所有流量和資源，都集中到了頭部，他們幾乎拿走了所有。然後，歌劇院就關門了。不僅是音樂行業，許許多多的行業都是如此。只有那麼一兩個人，能夠爬到金字塔的塔尖。

2010年，全球最有錢的388人，他們擁有的財富，相當於全球一半貧窮人口擁有的財富總和。2014年，這個數字是85人。2015年，62人。2017年，只有8個人。也就是說，一輛商務車，就能裝下全球一半貧窮人口的財富。

他們贏的時候，拿走很多。即使輸了，也有更高的抗風險能力。而其他的人不是這樣。也許一次失業、一場疾病，就能把他們擊倒，讓他們的人生「爆倉」，他們極其脆弱。人們給這種贏家通吃性，起了無數的名字：宗教學家叫它「馬太效應」；社會學家叫它「階層固化」；金融學家叫它「複利效應」；網際網路公司叫它「指數型增長」。但這些名字背後，說的都是同一件事情。

所以，真實世界的樣子，至少有三個特性：無法預測的不確定性、風險的累積性、結果的贏家通吃性。

人們往往無比渴望結果的贏家通吃性，知道但不深刻理解無法預測的不確定性，幾乎完全忘記和忽略了風險的累積性。賺錢的邏輯，變了。生活是個無限遊戲。要先想辦法留在牌桌上，一直玩下去。在活下去的基礎上，積極地試錯和創新。這是生存的邏輯，也是賺錢的邏輯。

怎麼辦？以下是幾條具體的建議。

冗餘，意味著選擇權

冗餘，是健壯的成本。為什麼人有兩個腎，為什麼同一個崗位要有板凳隊員，為什麼數據要做備份？為了保險。萬一發生風險，還能活下來。所以，要保持冗餘。最常見的冗餘，是錢。給自己至少留 3 個月維持生活開支的錢。如果可以，留 6 個月。再保險一點兒，18 個月。這可以讓你不必過分擔心生存問題，不必過分憂慮新業務的發展，不必過分依賴某個人的評價和打分。

冗餘，意味著選擇權。然後，你可以在這個基礎上，激進地試錯和創新。這些嘗試，應該足夠大膽、瘋狂。因為一旦成功了，你會賺到豐厚的收益。如果失敗了，沒關係，你有冗餘，你還能再來一次。

| 兩個腎 | 板凳球員 | 數據備份 | 現金 |

活下來

學習邏輯和機率

如果你知道自己會死在什麼地方，那麼一輩子都別去那裡。成功的人各有各的路徑，但是失敗的人死法都大致相同。那些坑裡盡是前人的腳印，別再踩了。我的工作，很多時候是給別人潑冷水。也許我的建議不會讓人突然暴富，但是可以防止人突然暴斃。除了瘋狂的油門，還要有理性的刹車。然後，不斷學習。

學習什麼？學習基本的機率和邏輯。這能讓你活得更久一點兒。假設有一群人在玩俄羅斯輪盤賭，槍裡只有一發子彈，活下來的人，每次獲勝的獎金，是100萬。現在，有人告訴你，每6個人中有5個人可以獲勝。那麼，也許你會計算，參與遊戲的人有83.33%的機會獲得獎金，因為每次平均收益是83.33萬。（5/6 ≈ 83.33%）

這個時候，傻子和聰明人，會做出完全不同的選擇。傻子會認為：83.33%！不得了的預期！應該一直玩下去！我可以贏很多很多錢！聰明人會認為：哪怕勝率是99%，我都不應該參與。最後的結果當然是，傻子一直玩下去，直到躺在了地上。

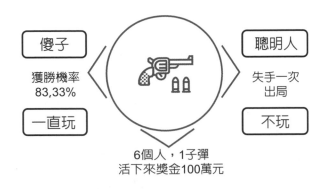

選擇適合自己的市場

必須承認，每個人的天賦、野心、勤奮程度不同。根據自己的情況，選擇合適的市場，會讓自己活得更好一點兒。**這個世界上，存在著兩個市場：分散市場和頭部市場**[36]。前面說的音樂行業，屬頭部市場。只有最優秀的幾個人，才能夠爬到金字塔的塔尖。但是繪畫行業，屬分散市場。繪畫，不是金字塔，而是梯形台。你的畫可以賣5萬元一平方尺，也可以賣50萬元一平方尺。每一層都能養活一批畫家。

分散市場的特點是什麼？做得好可以很優秀，但是不可能占據很大的市場份額。比如畫畫，比如餐飲。中國最大的餐飲企業，是百勝中國，2018年大概是400多億人民幣，也才占整個市場的1%。進入這個市場，努力10分，就能賺到10分的錢；努力80分，就能賺到80分的錢。

頭部市場的特點是什麼？容易壟斷，贏家通吃。比如音樂，比如互聯網。進入這個市場，10分的努力是沒用的，80分的努力也是沒用的，至少要90分。但是真正優秀的，都是98分；極致的，99分。

然而，99分和98分的差距，依然是巨大的。它們之間的收

---

36 編注：分散市場是例如畫廊、飯店等較難壟斷市場的特定產業，頭部市場則例如網際網路公司、電商等一旦成功就很容易壟斷市場的企業。

益，可能相差100倍。選擇適合自己的市場，賺眞正你想賺的且屬你的錢。

結語

　　永遠不要忘記這個世界眞實的樣子：無法預測的不確定性，
風險的累積性，結果的贏家通吃性。

　　要先保證自己永遠留在牌桌上，然後再採取對應的策略：保
持冗餘，激進衝鋒；研究失敗，不斷學習；選擇適合自己的市
場。這樣，才可以活得更好一點兒，更久一點兒。

　　勝利，屬那些活得久的人。生存的邏輯，變了。

　　賺錢的邏輯，變了。

商業模式的本質，
是利益相關者的交易結構

　　這個世界上有很多公司，是靠商業模式賺錢的。比如Uber、滴滴，幾乎不自己擁有出租車，卻是市場上最大的出租車公司；比如Airbnb，幾乎不擁有任何一家酒店，卻是全球最大的酒店出租方，比任何一家酒店連鎖集團都大；再比如阿里巴巴，淘寶上賣的大部分商品都不屬阿里巴巴，但是不妨礙阿里巴巴成為全國最大的電商平臺。

　　這些公司連產品都沒有，就靠純粹的商業模式賺錢。這就是商業模式的力量。那麼，到底什麼是商業模式？理論界對這個話題做了很多研究，分了各種各樣的門派，我把它總結為 2、3、4、6、9 幾個模型。下面和大家聊聊到底什麼是商業模式。

2要素模型

　　什麼叫2要素模型？

商業模式最基本的表述，就是我們一定要發明一種交易結構，這種交易結構首先一定是讓顧客獲得價值，其次企業也要獲得價值。這樣，這個商業模式就成立了。這是最樸素、最簡單的商業模式。

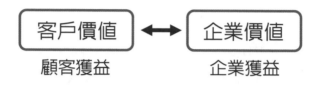

客戶價值　　　　　企業價值
顧客獲益　　　　　企業獲益

3要素模型

什麼是3要素模型？

3要素模型的意思是，任何一個商業模式都要研究至少3個問題。

第一個問題，你為什麼人提供什麼價值？

可能有人會認為這個問題有點虛，認為他為客戶做的一切都是有價值的。或者有的以客戶為中心的企業會說，客戶需要的就是我們提供的，我們要為客戶提供一切他需要的價值。

其實，這些都不是你確定給客戶提供的價值。那什麼才是呢？比如，你開了個瑜伽館，你給客戶提供練習瑜伽的服務，這

是你提供的價值。

第二個問題，憑什麼是你？

你的瑜伽館生意還不錯。可為什麼是你開得不錯呢，別人不行嗎？

是因為你恰好找到了一個很多人想練瑜伽、潛在客戶特別多的地方嗎？還是因為你的瑜伽教練非常專業？又或者是因為你有獨特高效的營運方法？總之，你一定有一種獨特的資源能力，才能把你的瑜伽館開得還不錯。這個能力，只有你自己能回答。

第三個問題，你的錢是從哪裡來的？或者說，你的利潤從哪裡來？

如果前面兩個問題回答好，這個反而最好回答。因為你獨特的能力，喜歡瑜伽的人愛來你這裡練習，自然會付錢給你，水到渠成。

所以，要想賺錢，你必須回答前面兩個問題，然後才有機會回答這第三個問題。很多人默認商業模式就是盈利模式。但是看到這個模型之後，你要明白，盈利模式只是商業模式的一部分。最重要的反而是前面兩個問題。這就是3要素模型。

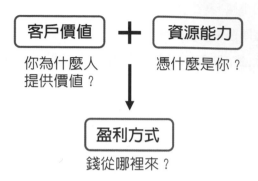

客戶價值 ＋ 資源能力

你為什麼人
提供價值？

憑什麼是你？

盈利方式

錢從哪裡來？

4要素模型

什麼是4要素模型？這是日本早稻田大學商務學院客座教授
三谷宏治在他的著作《商業模式全史》中提出的一個模型。

4要素模型和3要素模型沒有特別大的區別。它的4要素分別
是什麼呢？是回答4個問題。

你的客戶是誰？

你給客戶提供什麼價值？

你是怎麼盈利的？

你的核心競爭力是什麼？

對應的4個要素就是，顧客、價值提供、盈利方式、戰略／
資源。和3要素模型基本一樣，只是把3要素模型裡的客戶價值
（你為什麼人提供什麼價值）分別拆成客戶（顧客）和價值（價

值提供）。但是4要素模型真正的價值，不是把3要素模型拆成了4要素模型，而是提出了一個「總價值創造」的概念。

什麼叫總價值創造？就是你不應該只關注你的客戶，還應該關注你的供應商、通路、門市，你必須讓所有的這些利益相關者，加在一起都能獲得價值，才能叫總價值創造。舉個例子。過去，100斤花生能榨25斤油。你說，我厲害了，我改進了壓榨工藝，在品質不變的前提下，我能榨出40斤油。別人的25斤和你的40斤之間，那15斤多出來的油，是你多創造出來的價值。

那如何讓合作夥伴、消費者也獲得價值？你可以把這多出來的15斤油，拿出5斤分給消費者。換句話說，用戶用同樣的價格，可以買到30（25＋5）斤油了。他們會非常高興地從競爭對手那裡，投奔你的懷抱。然後，你把另外5斤分給合作夥伴，合作夥伴也非常高興，這樣就有更多人願意幫你賣油了。還有5斤呢？留給自己。這是你應得的部分。

有些人說，這不是總價值創造啊，這是把我創造的價值（15斤油）分給了消費者（5斤）和合作夥伴（5斤）而已。其實不是。因為更多的消費者來找你買油，合作夥伴銷售得就越多，你賺得也就越多。這時，如果你原來每年賣3噸油，現在就有可能賣30噸、300噸。

這種商業模式才做到了總價值創造，或者你也可以說這叫全域性增量。

這就是4要素模型。

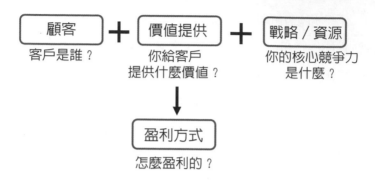

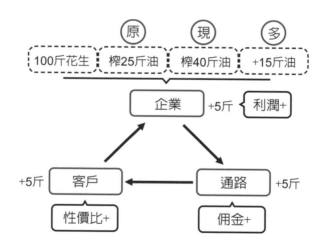

6要素模型

6要素模型是魏煒教授提出來的。他認為,商業模式就是利益相關者的交易結構。

6要素模型第一要素是定位。什麼是定位?你為什麼客戶提供什麼價值,這就是定位。有了定位之後,你就必須搭建一個業務系統去做這個事。在搭建系統過程中利用你的關鍵資源、你的核心競爭力,然後梳理出你的現金流結構,完成你的盈利模式,最終實現企業價值。

這就是魏煒教授提出的6要素模型。

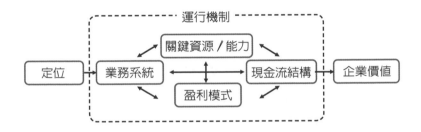

9要素模型

什麼是9要素模型?9要素模型是亞歷山大・奧斯特瓦德(Alexander Osterwalder)、伊夫・比紐赫(Yves Pigneur)在他們的書《獲利世代》(Business Model Generation)中提出的模

型。

簡單來說，就是回答 9 個問題。

第一，你的客戶是誰？是如何細分的？（客戶細分）

第二，你和客戶關係是怎麼樣的？（客戶關係）

第三，你透過什麼通路能找到這些客戶？（通路）

第四，你為這些客戶提供什麼價值？（價值主張）

第五，你透過什麼關鍵業務給客戶提供價值？（關鍵業務）

第六，你的核心資源是什麼？專利？人才？土地？（核心資源）

第七，你的合作夥伴都有誰？（合作夥伴）

第八，你的收入來源是什麼？（收入來源）

第九，你的成本結構是什麼？（成本結構）

前4個問題，其實就是3要素模型裡的客戶價值；第五、第六、第七這3個問題其實就是3要素模型裡的資源能力；而最後2個問題，就是3要素模型裡的盈利方式。

這就是9要素模型。

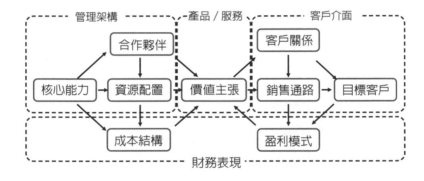

結語

　　以上就是商業模式裡的2、3、4、6、9要素模型。雖然要素從2個變成3個，變成4個，變成6個，最後變成9個。看起來越來越複雜，但其實只是越來越精細。

　　回到最開始的問題，到底什麼是商業模式？其實，所謂的商業模式，就是利益相關者的交易結構。作為企業家，如果對照你的企業，你也想做商業模式創新。那麼我建議你，你的商業模式一定要做到總價值創造，創造全域性增量。一切的商業模式，都必須有全域性增量。如果沒有，那所謂的商業模式，就是把你口袋裡的錢換到我的口袋。

　　最後，我特別建議你問自己2個問題：我為什麼人提供什麼價值？憑什麼是我？

　　回答完這2個問題，我期待那第3個問題「你的錢從哪裡來」的答案，會非常自然——水到渠成。

商業模式創新，就是交易結構的創新

　　為什麼淘寶上賣的大部分商品都不屬阿里，但是阿里卻可以成為全國最大的電商平臺？為什麼Uber、滴滴幾乎不擁有出租車，卻是市場上最人的出租車公司？為什麼Airbnb幾乎不擁有任何一家酒店和房間，卻做得比任何一家酒店連鎖集團都大？因為，它們靠純粹的商業模式創新，獲得了成功。

　　商業模式的創新，就是用更高的效率，降維打擊一家企業，甚至行業。就是端著機關槍，衝進一個別人耍大刀的戰場。不論你是做幾萬元的買賣，還是幾十億元的生意，都需要商業模式。那麼，什麼是商業模式？如何設計一個有效的商業模式？

　　想設計一個有效的商業模式，首先必須清晰理解什麼是商業模式。商業模式，有「商業」，也有「模式」。

　　那麼，什麼是商業？**商業的本質，是交易**。你是種玉米的，你生產的產品再好，種的玉米再好吃，如果不和別人交易，都不會有商業。只有當你拿著自己的玉米，去跟另外一個人換他養的羊，這個時候才會形成商業。因為一旦交易，就會有一個問題，我用多少玉米，才能換你一隻羊？這就是商業中的定價問題。再

往後，換了我玉米的人吃飽了，又去養了更多的羊，牽著羊又去換了茶葉、棉花、玉石。環環相扣，形成更多交易。這個時候，商業才會形成。

所以，商業的本質是交易。拿我的東西，換你的東西。而交易的本質，是價值交換。對你有用，對我也有用。

那麼，什麼是模式？**模式的本質，是結構。商業模式，就是利益相關者的交易結構。**

你種玉米，他養羊。你想換他的羊，但是他今天不想吃玉米，想吃牛肉，怎麼辦？你找到養牛的人，先用玉米換了一頭牛，再和他換了一隻羊。這時，你就拉入了一個利益相關者（養牛的人），用新的交易結構（2個人→3個人），實現了這筆本來不可能的交易，讓每個人得到自己想要的東西。

所以，利益相關者，可能是你的股東、客戶、員工、供應商，甚至是幫你送貨的物流。所有和生意相關聯的人，都是利益相關者。

改變他們之間的交易結構，創造效率空間，就是你唯一要思考的事情，這就是商業模式的創新。因此，判斷一個商業模式是不是「好」，是不是「有效」，最重要的方法就是：在新的交易結構裡，是不是每個人都比之前賺到了更多的錢。

很有道理。但還不是特別明白，對嗎？

別急。我給你舉個例子。如果你有一家航空公司，想為客戶提供更好的服務，自己還能多賺錢，怎麼辦？怎麼拉入更多利益

相關者，設計一個更好的交易結構？你可以停在這裡，思考1分鐘。

四川航空，就做了一件特別有意思的事情，創新了商業模式。它是怎麼做的？

首先，它為所有買 5 折以上機票的客戶，提供「免費專車」的增值服務。下飛機之後，用專車把你從機場送到市中心。這時，很多客戶會想，我本來買的是 3 折、4 折的機票，但是如果自己打車去市中心，還要花130元，還是有點兒貴的。那不如我就換成5折的機票吧，反正多付的錢，可能只有50元，沒有到130元，還是划算的。

注意：這時，**客戶**多賺了錢（買5折機票，多花了50元，但得到更划算的專車服務，相當於賺了80元）。航空公司也多賺了錢（客戶從4折機票，換成了5折機票，賺到了50元差價）。但是，有人會說，派專車也要成本啊，航空公司真的能賺錢嗎？所以，就需要拉入新的利益相關者。然後，四川航空就把這筆差價中的一部分，比如50元中的30元，付給一家旅行社。四川航空就從每個客戶身上，多賺了20元。（50－30＝20）

旅行社怎麼辦？旅行社又找到一些司機。你來幫我送，一個客戶給你25元。旅行社就從每個客戶身上，多賺 5 元。（30－25＝5）

司機怎麼辦？司機開一輛7人座的商務車，把客戶送到市中心。每個人 25 元，6 個人，就是25×6＝150 元。司機平常在機

場等大半天，才拉一個人走，而且才130元。現在150元，還不用在路邊等了。挺好。司機也多賺錢了，每一次都多賺了20元。（150－130＝20）但是，為什麼這些單子，就是給這個司機，而不是給其他人呢？

於是，旅行社又提出一個要求：想接這個輕鬆的工作可以，但是必須從旅行社這裡買一輛車。這輛車，要花17.8萬元。司機想了想，這輛車，在市場上原價14.8萬元。也就是說，要不要多花3萬元，來獲得這份穩定的生意？本質上，就是多花 3 萬元，從「零售」進入「批發」，買下從機場到市中心的專營權。也就是說，17.8 萬元＝一輛新車＋每天旅行社大量穩定的訂單。算算帳，可能一兩年就收回成本了，還是值得的。所以，很多司機加入了這個交易結構。

這就結束了嗎？還沒有。你有沒有想過，旅行社的車，又是從哪裡來的呢？所以，還需要再拉入一個利益相關者 —— 車行。旅行社自己去車行買，每輛車要花多少錢呢？ 9萬元。啊？只要9萬元？為什麼？為什麼車行願意把一輛原價14.8萬元的車，用9萬元賣給旅行社呢？車行不就虧了嗎？

因為旅行社說，你看，你收9萬元把車賣給我，然後我在車上貼上你的廣告。這就相當於，司機在為自己賺錢的同時，還在為你宣傳，幫你賺錢。每天接送的客戶那麼多人，他們的注意力很值錢，他們的購買力更值錢，都是你的潛在客戶。

你用5.8萬元，投了一筆廣告，你覺得划算不划算？車行一

想，5.8萬元，我多賣一兩輛車，就都賺回來了，是划算的買賣。於是，車行也加入了這個交易結構。現在，一個完整的商業模式，就被設計出來了。在這個新的商業模式裡，客戶多賺錢，航空公司多賺錢，司機多賺錢，旅行社多賺錢，車行也多賺錢。所有人都多賺了錢。

很多人都非常詫異，這真的可以嗎？每個人都賺了錢，那這些錢從哪裡來的？你看出來了嗎？最終，一定是車行多賣了一些車。在原來的商業模式裡，客戶本來不會買車，或者去其他地方買車。現在，都在這個車行買車了。透過新的商業模式，提高了效率，創造了新的增量。大家一起把這個增量分掉了。所以說，商業模式的創新，就是改變利益相關者的交易結構，提高效率，創造新的全域性增量。

現在，讓我們來回答這個問題：如何設計一個有效的商業模式？

你可以這麼做：

第一，先把自己和客戶擺在交易結構裡面。

因為客戶是終端，是最終給你付錢的人。**先找到你的客戶，找對你的客戶。**多說一句，有些行業，對於客戶的理解是有問題的。比如某些做 B 端生意的人，經常會把代理商當成客戶。這是不對的。代理商只是其中一個環節。消費者最終買產品，最終

付錢，消費者才是客戶。比如，教育機構。很多教育機構，以為客戶是孩子。其實不是。孩子只是用戶，是使用產品的人。家長才是客戶，才是最終付錢的人。比如，寵物行業。寵物是用戶，是使用產品和體驗的。寵物的主人才是客戶，是最終付錢的人。

先找到客戶，看看客戶有什麼需求。把自己和最終付錢的客戶，先擺進來。

第二，拉入更多的利益相關者。

為了滿足客戶的需求，光靠你自己可能不夠。股東、員工、供應商、物流、廣告……這些都是利益相關者。把更多的利益相關者拉進來，擺進這個交易結構裡。

第三，思考這些利益相關者都要什麼，把他們連起來。

這時，你就遠遠地看著，觀察，思考。這些利益相關者的需求，到底是什麼。他們想要什麼？還記得嗎？商業的本質，是交易。交易的本質，是利益交換。彼此之間，能夠交換什麼利益和價值？哪個環節的效率，可以提升一些？然後，把他們連起來，形成新的價值網路。

現在，我們回到最開始的提問：為什麼淘寶、Uber、滴滴、Airbnb，可以透過商業模式的創新，做得那麼大，那麼成功？

因為他們設計了新的交易結構，提升了效率。原來買家和賣家找到彼此的成本太高了，也很難互相信任。在他們的平臺上，

買家和賣家都能更快更好地交易。然後，他們作為平臺，收取交易費、廣告費等其他費用。所以，即使他們幾乎不擁有產品，也可以靠純粹的商業模式創新，獲得成功。

這就是商業模式的威力。

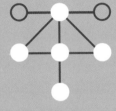 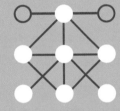

自己和客戶　　　拉入更多　　　思考並滿足需求
納入交易結構　　利益相關者　　　高效連接

結語

　　所以，如何設計一個有效的商業模式？商業模式，就是利益相關者的交易結構。有效的商業模式，就是創造了新的全域性增量，讓每個人都拿到了更多的利益。

　　很多時候，你看到一家公司的成功，遠看是行銷，近看是產品，用放大鏡看是商業模式。

　　商業模式的創新，從來都是降維打擊。

　　當你設計出一個新的交易結構，你也許會驚訝地發現，整個世界都變了。

　　我們各自努力，最高處見。

處理資訊方式的不同，
決定了賺錢方式的不同

　　商人（或者說中間商），經常被很多人誤解爲投機者，巧取豪奪。覺得他們不生產商品，不創造價值，只是從生產者手上買來，賣給消費者。但其實，商人就像我們血液裡的紅細胞，把商品運送到商業世界毛細血管的最深處，連接了「買」和「賣」兩種生意。

　　在連接交易過程中，每個商人處理資訊方式的不同，決定了他們賺錢方式的不同。精明的商人總是在靠資訊不對稱賺錢，而偉大的商人是靠消滅資訊不對稱賺錢。

精明的商人透過資訊不對稱賺錢

　　爲什麼說這個話題？之前的一場直播中，我提到「隨著科技的發展，商業的進步，在未來，從事中間商的人會越來越少」，有同學就問，爲什麼中間商會越來越少？如果未來沒有中間商，就業人口怎麼解決？這也是我經常會被問到的問題。要想回答這

個問題，得先瞭解，為什麼會有中間商，沒有中間商可靠嗎。

提到中間商，可能很多人第一反應是鋪天蓋地「沒有中間商賺差價」的廣告。給人的感覺是，如果沒有中間商賺差價，我們買到的商品價格就會更便宜。在得到上的《薛兆豐的經濟學課》中也提到，1塊錢的最終商品裡，中間商可能占了90%。

比如，你在超市裡花1元、2元買的一瓶水，實際上出廠價只有1毛錢；你花1元買的1斤青菜，農民伯伯可能只賣1毛錢1斤。這樣看，中間商還真賺了我們不少錢。可是，如果我們不讓中間商賺錢可行嗎，商品價格真的就會便宜嗎？不一定。

為什麼？你想想，每天你結束忙碌一天的工作，就能夠在超市買到篩選過、分類過、品質放心的青菜，這不挺好的嗎？雖然比直接在農民伯伯那裡買要貴很多，但如果你開車去田間地頭直接買付出的成本，和農民伯伯付出的成本相比，只會更高。所以，經濟學告訴我們，這90%，已經是中間商所賺取的最低比例了。

沒有中間商，你花的錢只會更多。所以，每個中間商，就像我們血液裡的紅細胞，把商品運送到商業世界毛細血管的最深處，連接了交易。

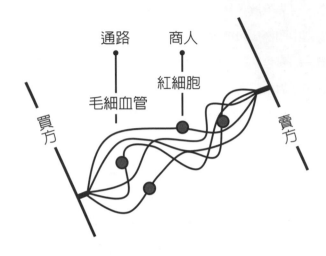

通路　商人
紅細胞
毛細血管
買方
賣方

偉大的商人透過消滅資訊不對稱賺錢

這樣看，商業世界沒有商人、沒有中間商還眞不行，他們連接了交易，連接了生產者和消費者。交易是物流、資金流、資訊流完成的一個過程。

這時，作爲商人，他對待資訊的態度，就決定了他的賺錢方式，決定了他是精明的商人還是偉大的商人。**精明的商人會把資訊不對稱當作好朋友，想辦法透過保持或者放大資訊不對稱，去賺錢。而偉大的商人，則會把資訊不對稱當敵人，想辦法透過消滅資訊不對稱來賺錢。**

要想理解這個，我們就要先瞭解什麼是資訊不對稱。資訊不對稱，說白了，就是我知道一些你不知道的事情。比如，在過

去，我們買衣服要討價還價的。你試了件衣服，很喜歡，問店員多少錢。她說880元，你說55元。她說，您別開玩笑，交個朋友，600元您穿走。你說，您別鬧，最多80元，你看行不行。

……

這樣如此反復多輪，你可能最終花280元買走了這件你喜歡的衣服。

280元，你覺得划算嗎？其實，你也沒底。為什麼？因為這件衣服是店家從通路那兒進的貨，店員她肯定知道底價。但是她不會告訴你，你們討價還價之間，你在試探她的底價，她也在試探你能給出的最高價。

站在這家服裝店的角度，她在賺什麼錢？她賺的就是資訊不對稱的錢。

那你不斷和店家討價還價，甚至還貨比三家來確定店家的底價，這本質上是在做什麼？是在用「資訊博弈」的方式，克服資訊不對稱。

現在如果你看上一件衣服，如果你不著急，很有可能去多個電商平臺看看價格。如果這些電商平臺上的同樣的商品更便宜，你是不是就在網上買了？這些電商平臺本質上也是幫助你消滅資訊不對稱。

這種消滅資訊不對稱的方式和你自己透過討價還價、貨比三家相比，哪種效率更高？

當然是前者。而且隨著效率的提高，整個商業世界裡的中間

商也比以前少了很多。我們假設你討價還價、貨比三家階段整個商業世界有100個中間商，那麼到了電商平臺這個階段，整個商業世界可能就有60個中間商靠資訊不對稱賺錢了。

那未來呢？隨著大數據、5G、萬物互聯、區塊鏈等技術的推進，連接效率將會大幅提升，資訊將越來越透明。資訊越透明、連接效率越高，想靠資訊不對稱賺錢就越難。反而那些順應大勢，懂得利用這些新技術，去降低資訊不對稱的商人，會得到市場獎勵，賺到錢。

這時，從事中間商的人就會越來越少。

消滅資訊不對稱，讓更多人去做創造價值的事

確實，消滅資訊不對稱，會讓很多靠資訊不對稱賺錢的中間商賺不到錢了。從事中間商的人就會越來越少，那他們的就業問題怎麼解決？要回答這個問題，我們可以換個角度來想，我們不說未來中間商越來越少，我們回顧一下以前。

商業的發展，就是資訊越來越透明、越來越對稱的過程。

以零售業的沃爾瑪（Walmart）為例。沃爾瑪崛起，就是依靠高速公路，在一座座城市的郊區開設巨大的購物中心，搶奪了市中心那些超市的生意。那麼，那些以前在這些超市工作的人怎麼辦的呢？

沃爾瑪的建立，帶來了吊車工人等崗位，也讓原來那些從事

中間商，做傳遞價值的人不得不去做創造價值的事，去生產更豐富、更多的商品，提高了整個社會的財富總量。所以，在未來，也是一樣。隨著科技發展、商業進步，確實靠資訊不對稱賺錢的中間商會越來越少。但與此同時，新技術、新科技也一定會帶來很多新的崗位，或者也可以說，讓人們不得不去做創造價值的事。

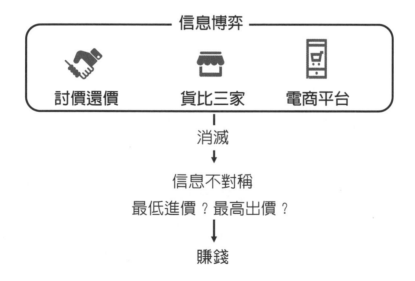

結語

　　有人對中間商有敵意，認爲他們自己不勞動，巧取豪奪。其實，如果沒有中間商，我們可能無法觸達和購買到商品，我們可能遇不到自己喜愛的衣服，下班回家買不到新鮮的青菜。所以，中間商、商人在商業世界中很有必要存在。但同時隨著科技的發展，有些商人可以透過消滅資訊不對稱賺錢，這就勢必會讓一些靠資訊不對稱賺錢的人沒有生意可做。他們就被趕到了「不得不去創造價值」的領域。這時，我們要怎麼做？我建議你，成爲偉大的商人，努力消滅資訊不對稱去賺錢。對我們這個世界來說，這樣還能把原來靠傳遞價值賺錢的人重新趕回到創造價值的領域，就可以讓我們這個世界的財富越來越多，越來越好。

「十大戰略」模型

我是一名商業顧問，潤米諮詢是一家戰略諮詢公司。所以，我常被問：到底什麼是戰略？

戰略，是個很重要卻很難理解的話題。

講淺了，說不明白；講深了，聽不明白。怎麼辦？

想了想，不如換種方式，請戰略「本人」，介紹他自己。

開場白

某天，戰略作爲神祕嘉賓，參加了一個以戰略爲主題的論壇。

當台下觀眾正在熱議著各種戰略時，主持人突然宣布，本場重量級的嘉賓——戰略本人即將登場。

話音未落，會場歡呼雀躍，眾人起立，熱烈鼓掌，歡迎戰略的到場。

在眾人期待和激動的目光中，戰略開始他的演講。

很感謝大家對我的關注，我也知道自己讓人又愛又恨。

商業世界的有些概念，每個人都在提及，但要嘛找不到定義，要嘛能找到幾千個定義。比如「領導力」，比如「企業文化」，比如「戰略」……

關於我也有很多說法：

戰略，不是選擇做什麼，而是選擇不做什麼。

戰略，是目標與能力的匹配。

不要用戰術的勤奮，掩蓋戰略的懶惰。

我似乎有很多不同的樣子：藍海戰略、平臺戰略、差異化戰略、爆品戰略……

人們對我最大的感慨是：「天哪！太複雜了！」

我也經常被問到，在「思想藥局」的市場裡，到底應該買哪一種戰略服用？

難道就沒有可以選擇戰略的方法論嗎？難道就沒有「選擇戰略的戰略」嗎？

當然有。

很多人為了找到我，讓我能幫助企業更好地經營，吵得不可開交。

他們對我有獨到的見解，甚至還專門為我分成了十大學派：設計學派、計畫學派、定位學派、企業家學派、認知學派、學習學派、權力學派、文化學派、環境學派、結構學派。

下面將爲你介紹這十大學派。相信你聽完後，可以變成自己企業的醫生，能更好地找到我，對症下藥。

設計學派

設計學派對我的看法很有意思。他們認爲，戰略是一個孕育的過程，我就像小雞一樣，慢慢被孵化出來。

這個學派的代表人物，可是一名戰略大師——艾爾弗雷德·D.錢德勒（Alfred D. Chandler, Jr.）。

錢德勒說過一句著名的話：戰略決定組織，組織緊隨戰略。也就是先定戰略，後搭班子。先決定如何做，然後組織跟上去。人們爲了能找到我，開發了非常非常多的工具，大家可能非常熟悉。

比如 SWOT分析。分析內部的強項和弱項，分析外部的機會和威脅，發現優勢與劣勢，找到戰略。

比如PEST分析。分析政治、經濟、社會、技術環境，找到位置和打法。

爲了確定自己是不是眞的找到我，他們經常會問兩個問題：第一個問題：能不能用少於 35 個字，來描述公司的戰略？比如——

鐵路公司：我們是一家運輸公司。

煉油廠：我們是一家能源企業。

雞肉廠：我們是一家「提供能量」的公司。

垃圾場：我們是一家「美化環境」的公司。

第二個問題是公司有沒有5年計畫？

如果這兩個問題都能回答出來，說明真的找到了我，清晰地知道自己應該做什麼。

盒馬鮮生的侯毅，說過這樣的一句話：「所有偉大的生意，都是源自頂層設計。」

所以，設計學派對我的看法是，公司只有一個戰略家，就是CEO。

CEO必須想得很清楚，有長遠規劃，充滿遠見和洞察。而且一旦找到我了，接下來就是堅決執行。

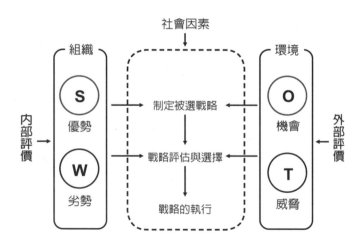

計畫學派

計畫學派認為，戰略是程序化的過程，我是一步一步被計算計畫出來的。

為了找到我，每家公司甚至還成立了專門的部門，比如集團戰略部、參謀部、研究院……

然後，這些公司可厲害了，要花很多心思研發自己制定戰略的模型，而且都特別複雜。

不信？我拿幾個給你看看：

這些模型，都需要各種各樣的數據輸入，按照模型中確定的流程，一步一步計畫，推出需要的戰略。

計畫學派的做法，好處是可以釋放老闆的時間，讓一整個部門的人尋找資訊，幫忙找到我。

但是，這也是他們的問題。很多集團的戰略部，往往沒有能力產生真正有效的戰略。

為什麼呢？

因為計畫學派為了找到我，往往需要三個步驟：收集數據；做出決策；監督執行。

戰略部應該做和能做的，只有第一步和第三步。而最重要的第二步，必須是CEO來做。

所以計畫學派想要真正找到我，最終拍板決策那一下，還是要CEO來做，需要他的責任和洞察力。

因此，計畫學派的特點，是戰略應該由受過良好教育的計畫人員來制定，CEO 批准和決策。

真正能發現我的，應該是一個可控的、自覺的正式規劃過程。而且，我應該會被細化為各種各樣的目標、預算、程序和經營計畫。

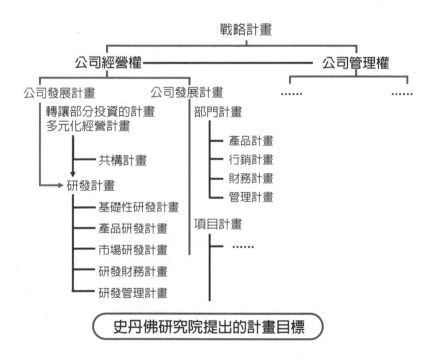

定位學派

定位學派對我的看法是從無限選擇中，確定幾個可以通用的戰略。

什麼意思呢？

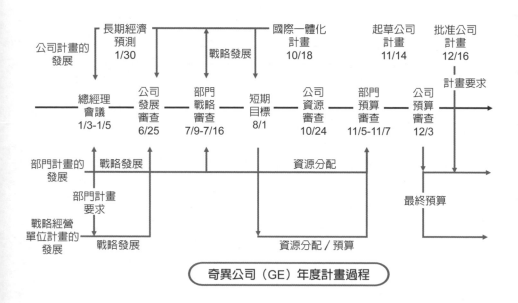

奇異公司（GE）年度計畫過程

比如醫生看病，100個病人，應該開出100張不同的處方才對。但是定位學派的「醫生」說，世界上大多數企業的常見病，只有三種，所以有三張不同的藥方就可以了。

定位學派，就是把無限的戰略簡化為有限的選擇。

定位學派的代表，也是一位名人──麥克‧波特（Michael E. Porter）。

根據波特的說法，產品一般有三種基本的打法：注重功能、注重體驗、注重個性化，與其相對應的，就是成本領先戰略、差異化戰略和細分市場戰略。

就連中國古代的《孫子兵法》，都和定位學派有相似的觀點。

《孫子兵法》中有這樣一句話：「十則圍之，五則攻之，倍則分之；敵則能戰之，少則能逃之，不若則能避之。」

打仗怎麼打？《孫子兵法》說了六種可能性。把無限的問答題，變成有限的選擇題。

但是，這也是定位學派的問題。

如果敵人是4.5倍，怎麼辦呢？兵法上沒說啊！

定位學派認為CEO主要是戰略家，設計人員是分析家。

定位學派的聚焦競爭限制了視野，也束縛了戰略的創造性。為了找到我，他們的做法很簡單，但有時候也過於簡單了。

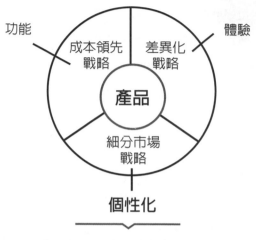

功能

體驗

個性化

無限戰略，有限選擇

企業家學派

前面三個學派的共同點，都是把找到我的前提建立在確定性的基礎上。

但是世界在不停地變化，怎麼辦？其他學派還在繼續為我爭吵。

接下來第四個，是企業家學派。這應該是讓我覺得最有魅力和感召力的學派。

這個學派的人認為，戰略的形成是一個構築願景的過程。他

們的心中，只有一個清晰的目標，但是手上可能根本沒有地圖，怎麼辦？

衝，一直衝。

逢山開路，遇水架橋。世界上本沒有路，但是走的人多了，也就成了路。

所以，企業家學派的人認為，必須有能力讓大家都認同那個目標，感召大家一路向前。

比如微軟：讓每個人的桌面上都有一台電腦。

比如阿里：讓天下沒有難做的生意。

比如小米：讓每個人都能享受科技的樂趣。

這些願景和目標，聽上去就令人熱血沸騰，充滿激情。

企業家需要立起高高的燈塔，指引員工前進，以保證當公司變得很複雜，或者環境變化讓人難以捉摸時，大家都還有堅定的戰略方向。

那麼，什麼是企業家？

企業家，是有著「輕度躁狂症」的人，帶領眾人實現願景。企業家頗具感召力和說服力，充滿活力，熱愛工作，可能覺還睡得少，下班後待在辦公室不回家，願意將自身所有聰明才智和雄心壯志投入畢生所愛中，並發自內心地相信自己能夠改變世界。

認同目標
感召前行

目標

戰略形成是構築願景的過程

樹立目標，感召向前

認知學派

　　認知學派認為，戰略是一個心智過程，是由企業家的認知程度決定的。認知程度又受限於人和環境的不確定性。

　　認知學派有兩個代表人物。

　　第一個代表人物是丹尼爾·康納曼（Daniel Kahneman）。他提出了前景理論，獲得過諾貝爾經濟學獎。他認為，人是很難理性認知世界的，如果能克服非理性，我們就會比其他人擁有更加優秀的決策能力。

　　有哪些非理性呢？

　　比如迷戀小機率事件。花2塊錢買彩票，幻想賺到2個億。大

多數人總以為自己創業的成功率更高，這種盲目自信，是很多人失敗的原因。

比如不懂得及時止損。股票跌破了止損線就是不賣，幻想著有朝一日漲回來，結果就被套牢了；公司已經快要倒閉了，還在安慰自己再堅持一會兒，最後熬到彈盡援絕。

理性的創業者，是微笑接受死亡，然後好好準備，再來一遍。第二個代表人物是赫伯特‧西蒙（Herbert A. Simon），他獲得了9個博士學位，

也得過諾貝爾經濟學獎。他提出「滿意決策理論」，認為很多決策是很難基於完全資訊做出來的，不用做完美的決策，滿意的就行。

假如你要做一個決定，20年後看，你可能後悔，也可能慶幸，可是20年後你覺得不對或者對，是因為你有更多的資訊。但當下，你不可能掌握全部資訊，怎麼辦？

必須選一個。不用完美，滿意就好。坦然選擇，享受好處，接受壞處。

所以認知學派的看法，是把認知當成一種方法論。

相對於前四個學派，認知學派更加主觀，認為戰略就是在資訊不充分的情況下，根據認知水準做出的決策。

所以，我們需要提高自己的認知水準。

一個企業家的視野，決定了一家企業的格局。

人和環境的不確定性

⌄

企業家認知水平

⌄

戰略

戰略形成是心智的過程

⌄

依據認知水平，做出決策

學習學派

　　學習學派認為，戰略不過是那些已經成功的人對過去路徑的總結和美化而已。認知能力、外部環境都在變化，怎麼能制定戰略？走一步看一步，就是戰略。

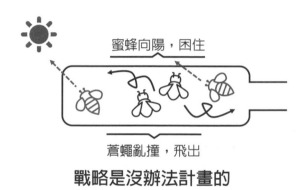

戰略是沒辦法計畫的

　　所以他們對我的看法是，戰略是一個湧現的過程。

　　不信？如果你是主管，看看自己有沒有這樣的想法：要是下面這群笨蛋能理解我這完美的戰略就好了。如果你是下屬，看看自己有沒有這樣的想法：既然你這麼聰明，為什麼不規劃出我們這群笨蛋也能執行的戰略呢？

　　這都說明，戰略是沒辦法計畫出來的。

　　學習學派的人，還經常舉一個例子：蜜蜂和蒼蠅。

　　在玻璃瓶裡面有一群蜜蜂和蒼蠅，為了自由，它們都想要飛

出這個瓶子。

問題來了，你覺得是蜜蜂還是蒼蠅更容易飛出來呢？答案是蒼蠅。

為什麼？

因為蜜蜂總體上是朝著太陽的方向飛，所以飛出去的機率很小。

但是蒼蠅是沒有方向的，因此無頭蒼蠅們更有可能飛出玻璃瓶。

然後有一天，記者採訪這只蒼蠅，問牠是怎麼飛出來的。

這隻蒼蠅可能會說，我滑翔飛、貼地飛，還要斜著身子45°飛，才能飛出來。甚至還總結出了「蒼蠅飛出玻璃瓶的7大姿勢」。但其實這只蒼蠅就是瞎飛的。

學習學派說，你看，這還不是對過去路徑的美化和總結？所以，他們說想要找到我，最好的辦法就是走好每一步。當下做到極致，美好自然發生。

關鍵不是預想戰略，而是識別戰略。然後不斷反思，拔除有害的種子，讓好的種子湧現、繁衍、蔓延。

亂七八糟的生機勃勃，也好過井井有條的死氣沉沉。

×預想戰略 ｜ √識別戰略

不斷反思

拔除有害種子

好種子湧現&繁衍&蔓延

戰略形成是湧現的過程

當下做到極致，美好自然發生

權力學派

　　權力學派認為，上述學派沒有考慮到利益相關者的關係，沒有考慮與競爭對手、合作夥伴的關係。不能光想自己要怎麼做，還要想別人會怎麼做。

　　權力學派對於我的看法是，戰略的形成是一個協商過程。這個世界上沒有甲方乙方，掌握稀缺資源的一方，就是優勢的一方。誰在競爭格局裡面占據核心位置，誰就有戰略主動權。

　　比如都是賣冰箱的，一開始產品為王，供不應求，大家想買冰箱甚至都要爭取許可。

　　後來通路為王，供應商最厲害，誰有最多的門店和代理商誰就有主動權。再後來行銷為王，到了新媒體時代，誰更注重傳播和品牌，誰就可能占據主動權。

　　所以權力學派非常看重博弈的過程。

　　他們也常常舉兩個例子。

　　第一個例子是安排擺放自動櫃員機（ATM）。

　　早年銀行為了發展業務，需要在全國大量擺放自動櫃員機。但是自動櫃員機成本高，效益又有限，還笨重，大家都想著讓別人去弄，然後簽個合作協議，能從其他銀行的自動櫃員機裡面取出自己銀行的錢就可以了。

　　結果大家都不願意去做，怎麼辦？最後只能合作，大家一起集中安排自動櫃員機，把點鋪開。

這就是一個博弈和協商的過程。

第二個例子，是中國的戰略性外包。

以前很多外企想進入中國市場，政府提出了要求，必須用技術換市場。

於是當時成立了很多合資公司，共享技術和知識產權。很多中國公司才有機會大力發展自己的科技。

這也是博弈和協商的過程。

對於微觀權力，權力學派把戰略看作政治博弈；對於宏觀權力，權力學派把戰略看作合作聯盟。

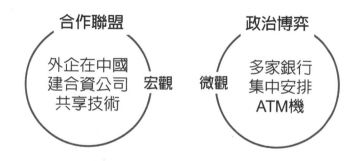

文化學派

在其他學派為我激烈爭吵的時候，文化學派是最安靜的。

他們認為戰略的形成是一個集體思維的過程，只要企業有一個好的文化，戰略會自然而然生發出來。

他們常常說一句話：文化，會把戰略當作點心一樣吃掉。

這句話不全對，其實應該是：戰略是早餐，技術是午餐，產品是晚餐。文化會把所有東西都吃掉。

因為文化有巨大的力量，會影響到企業的方方面面。倘若文化不對，那麼就會導致所有方面都不對。

在生活中，我們講道德，講法律。

在企業中，我們講價值觀，講制度流程。這些就是企業文化。如果文化出了問題，那戰略肯定就要變形。

文化學派最經常舉的一個例子，是阿米巴。

很多公司趨之若鶩地學習阿米巴。可是一學就變，一變就死。

為什麼？文化不對。

日本有獨特的企業文化：終身雇傭制、年功序列制、內部工會制。

終身雇傭制，是企業招聘一個員工時，期待這個員工一輩子為企業服務。企業保障不裁人，即使虧錢也不裁人，企業幫員工再培訓後轉單位也不會裁員。

年功序列制[37]，是工資不是按照員工的貢獻來發放，而是按照在企業工作的年限來發放。也就是說，按照資歷發放工資。

　　內部工會制，是把工會放在公司裡面，和西方工會不同，日本的工會和企業不是對立關係，員工和企業更像朋友關係、家人關係。

　　而阿米巴，是把公司拆成一個個獨立財務核算的經營體，這樣公司就從原來的部門合作關係變成了交易關係。

　　這是內部市場化的邏輯，每個人都能知道自己對於企業貢獻的大小。

　　那麼自然而然人們就有這樣的想法：我的收入應該和我的貢獻值掛鉤。

　　但是這和年功序列制衝突了。怎麼辦？

　　稻盛和夫選擇了一個非常有趣的辦法：敬天愛人。

　　「敬天愛人」的意思是說，員工創造的價值和貢獻是為集體貢獻的。

　　如果一個人創造的價值大、貢獻高，那麼就會得到精神上的獎勵，而不是物質方面的酬勞。

　　1984年，在京瓷25周年紀念的時候，稻盛和大把自己所有的股票都送給了員工。這就意味著稻盛和夫是不持有京瓷股份的。

37　編注：年功序列為日本的一種企業文化，以年資和職位論資排輩，訂定標準化的薪水。通常搭配終身雇用的觀念，鼓勵員工在同一公司累積年資到退休。（引用自維基百科）

後來稻盛和夫主掌日航的時候，更是0薪水。

　　所以稻盛和夫是真的相信敬天愛人，也是這樣要求自己的。如果一定要學習阿米巴，首先要學稻盛和夫的敬天愛人。

　　你要問問自己，是否會把所有股份都給員工？是否能接受這樣的文化？否則，是學不來阿米巴的。

　　文化學派認為，很多戰略和制度，是以文化和價值觀為背景的。

　　一種無法被複製和難以被理解的組織文化，恰恰是該組織戰略優勢的最佳保護者。

戰略形成是集體思維的過程

以文化和價值觀為背景

企業在「物競」
戰略在「天擇」

戰略形成是適應性的過程
⌄
戰略選擇了你

環境學派

環境學派認爲戰略的形成是適應性的過程。

什麼意思？

環境學派特別推崇一個人──達爾文，他們相信「物競天擇」。企業眞的知道什麼是戰略嗎？成功眞的是因爲找對戰略了嗎？不一定吧。

這些活下來的企業，可能就是運氣好。螞蟻雄兵，總有能活下來的。

成功可能是因爲遠見，但更可能只是運氣。

是企業在「物競」，是戰略最終在「天擇」。

環境學派的看法，也是有前提的。

什麼前提？

當環境高速變化，甚至是發生顛覆性變化時，用「物競天擇」的方法可能更合適。

具體的做法，就是「生兒育女」，比如海爾的轉型。

海爾推行「小微企業」制度，把7萬人的龐大組織，去掉1萬~2萬人後，分解成2000多個小的生命體。每個小微企業，都有自己獨立的三張財務報表，開始爲自己創業。

然後，海爾透過創業平臺海創匯[38]給這些小微企業澆水施

38　編注：海創匯是海爾集團面向全球創業者打造的加速器平臺。

肥。海創匯有價值幾千萬的3D列印設備，幫助小微企業設計模具；有創客學院提供管理、融資等培訓；還有13億的資金，投資好的苗子；好的苗子，還能進入加速器，加速成長。

那些脫穎而出的小微企業，如果和海爾整體規劃相關性較弱，海爾就占小股，收穫投資收益；如果和海爾整體方向一致，海爾就占大股，收穫公司未來。

小微企業的模式，讓海爾收穫了雷神筆記本電腦、iSee迷你投影機、咕咚手持洗衣機等一系列專案。

海爾的做法，就是環境學派推崇的方式。

環境學派的觀點，是把環境看作一類外在的模糊力量。看不清怎麼決策，就自生自滅，物競天擇。

結構學派

結構學派認為戰略的形成是一個變革的過程。

在每一個時間點，都應該有不同的戰略，把時間軸加入思考當中。

沒有先進的戰略，只有合適的戰略。

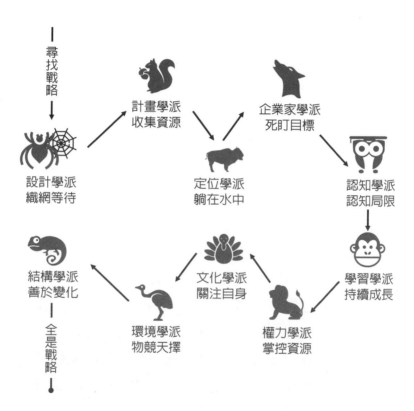

尋找戰略

計畫學派
收集資源

企業家學派
死盯目標

設計學派
織網等待

定位學派
躺在水中

認知學派
認知局限

結構學派
善於變化

文化學派
關注自身

學習學派
持續成長

全是戰略

環境學派
物競天擇

權力學派
掌控資源

結語

　　以上，就是爲我吵得不可開交的十大學派。

　　人們都說，戰略是一頭大象。爲了找到我，大家費了很多心思，做了很多努力走進森林，想要找到我這頭大象。

　　人們看見了設計學派的蜘蛛。蜘蛛正在專心編織自己的網，等待著飛蟲落下來。

　　繼續往前走，人們看見了計畫學派的松鼠。松鼠在樹間跑來跑去，收集資源，爲未來的日子做打算。

　　然後，人們又看見了定位學派的水牛。水牛穩穩躺在水裡，它在森林這麼多選擇中，找到了自己的位置。

　　還沒有找到大象，繼續往前走，接著發現樹叢中藏著企業家學派的狼群。狼群死死盯著目標，絕不放棄。

　　人們一抬頭，又看見樹上蹲著一隻認知學派的貓頭鷹。貓頭鷹把一切看在眼裡，說你們這些無知的動物，受認知和眼界所限，你們看到的都是幻象。

　　人們繼續往前走，發現一群學習學派的猴子。猴子們嬉戲玩鬧，模仿學習對方的動作，一步一步成長。

大象在哪裡？

繼續往前走，看見幾頭權力學派的獅子。獅子們正在想，等會兒抓到的獵物，應該怎麼分呢？

而在獅子的不遠處，是文化學派的孔雀。孔雀與世無爭，從未轉移過焦點，只關心自己是不是漂亮。

再往前走，人們發現了環境學派的鴕鳥。鴕鳥的心態，是相信世界會選擇最合適的動物活下來。

最後，人們看見了一隻結構學派的變色龍。變色龍善於變化，能表現出不同的形態。

人們穿越了森林，見到了各種各樣的動物，卻沒有找到我，沒有找到那頭戰略的大象。

大象在哪裡？

森林裡面，沒有大象。整片森林，就是戰略的大象。每一種動物，每一個學派，都是一種戰略的方向。

希望你能成為自己企業的醫生，找到最合適的戰略，讓我能更好地為你服務。

REPLAY
➡ 復盤時刻

1. 華為說：「不在非戰略機會點上消耗戰略性資源。」

2. 所有你以為的「突然出現式」的成功，背後都有其環環相扣的「增強迴路」。

3. 真實的世界，到底是什麼樣子？無法預測的不確定性，風險的可累積性，結果的贏家通吃性。

4. 如果你知道自己會死在什麼地方，那麼一輩子都別去那裡。成功的人各有各的路徑，但是失敗的人死法都大致相同。

5. 什麼是定位？你為什麼客戶提供什麼價值，這就是定位。

6. 商業的本質，是交易。模式的本質，是結構。商業模式，就是利益相關者的交易結構。

7. 當下做到極致，美好自然發生。

8. 關鍵不是預想戰略，而是識別戰略。然後不斷反思，拔除有害的種子，讓好的種子湧現、繁衍、蔓延。

9. 在每一個時間點，都應該有不同的戰略，把時間軸加入思考當中。

10. 戰略，不是選擇做什麼，而是選擇不做什麼。

後記　七年

一

　　很多年前，我和我的行李被從北京的一個鄉下寄到了上海的另一個鄉下，開始和一個叫郭剛的男人（現在這個人每天工作時間只有我的四分之一，收入是我的四倍），住在一個沒有空調、沒有電視的兩居室。我以前的老闆在他偌大的辦公室裡指著窗外說：「你看，北京多有空間感，上海很擠，不適合你的發展。」

　　的確是這樣，很擠。在北京上班的時候，我每天要從高速公路進北京，每天看到「北京歡迎您」（後來成了奧運口號），再換地鐵，到那個以張朝陽名字命名的區去上班，真的很有空間感，至少有距離感。到了上海，我開始從原來的1號線終點站搭地鐵，被保安推進車廂，保安吹著口哨招呼趕緊關門。門關上了，他深深舒了一口氣，我開始深深吸氣：真擠。

　　從地鐵10號口走出來，融進另一群人，接過門口散發的免費咖啡、免費餅乾、免費報紙、免費洗髮精（就是份量太少），躲

過各種「免費」傳單、「免費」機票打折卡、「免費」會員卡，閃躲到一棟紅色的大樓前，衝進去，蔚爲壯觀地排起長隊等電梯。電梯門「叮」的一聲打開，終於到了。微軟，我來上海的原因。

找到陸華（現在我們是朋友），說：「我來上班了。」1999年12月22日，陸華說：「啊？你這就來上班了啊？」雖然她表現得很鎭定，但我確實能看出來她沒有料到我怎麼這麼快就來了。那個時候我才知道，上班是要預約的。這個日子很特別，也很有紀念意義。我上網查了一下，想看看這一天還有什麼神奇的事情發生。果然，查到了，這一天是微軟股價有史以來的最高點，自我來了以後，好像再也沒有逾越這個點。唉，有點兒愧疚。

我和郭剛讀同一所大學，畢業後都在北京混跡於同一家公司，到了上海又住在一個屋簷下，導致我們的習慣都很相似。郭剛想吃肉的時候就會買一塊大排骨回來，燒水，漠然地把大排骨扔到水裡煮，隨便蘸點兒什麼就吃了，心中有肉，就會滿口留香。我想吃肉了，就會買隻雞回來，扔進鹽水裡煮一煮，隨便拿什麼裝出來，吃了。冬天吃肉，還很愜意。

可是上海的冬天好冷，我們住的地方沒有空調，冷得直跺腳。我靈機一動，爲什麼不去加班呢？電腦多溫暖！爲了取暖，我養成了加班的惡習。天哪！辦公室裡還有不少人。難道都怕冷嗎？家裡都沒有空調？外面那麼好玩不出去，都沒有女朋友嗎？是啊，馬上就要進入21世紀了，外面的人都瘋狂而理智地進行著

狂歡。銀行自動櫃員機三天兩頭停止使用而進行檢驗，聽說不少公司把時鐘往後撥了50年，還有不少媽媽期待著千禧年0時0分0秒產下龍子。

那一刻，時鐘跨過2000年的第一秒，你在哪裡？

二

那一刻，我在辦公室。

周圍的人神色緊張，如臨大敵狀。幹嘛呢這是？他們這樣好多天了。聽說好像因為有一條1000歲的蟲要來串門，超市里「雷達」牌殺蟲劑因此脫銷[39]。還聽說銀行的帳戶可能會錯亂，我趕緊閉上眼睛祈禱：要亂，請務必亂在我的帳戶上，請亂得更猛烈些吧。

還沒到12點，電梯已經停運，預防發生事故，公司租用了發電機，以防萬一，我師傅他們擔心上海全軍覆沒，和一支「特種部隊」戰略轉移到北京，準備在萬不得已的狀況下，接管上海的工作。微軟7000名員工嚴陣以待……居然，居然，最後啥事也沒有，誰也沒來！我倒是聽了6次不同語言的新年倒計時，歡慶了6次新世紀的到來。

新世紀新氣象，要做點兒大事。但幹啥呢？不知道幹啥就好好工作。我搶著把一支摩托羅拉L2000手機別在腰上，就是那

39　編注：指商品賣完，一時不能繼續供應。

個傳說中的L2000。哪個傳說中的L2000？我講個故事你就知道了。那個時候，移動、聯通都還沒有覆蓋上海地鐵（今天他們連聖母峰都不放過）。「我進地鐵了。」一個男人的聲音，來自另一個L2000。一會兒，電話再次響起：「我出來了。」兩個L2000必須經常彙報位置，不能同時在地鐵裡，要隨時等待客戶的電話。只要電話裡蹦出一個英文單詞，我會條件反射地高舉左手，在空中大力揮舞，做出最明顯的叫車的樣子，要出發了。直到後來的一兩年，只要聽到L2000的手機鈴聲，我就會渾身顫抖，手腳無力。從此，再也沒有用過摩托羅拉的手機。

那段時間，我貼滿簽證的護照一直不在我身邊。只要我的任何一張簽證快要過期，公司就會自動幫我辦一張新的。我可以在任何時候立刻起飛，在接到指令的幾個小時內出現在目的地。

最幸福的莫過於聯合利華就在我們樓下了。工程師眼神迷離地聽說那裡的女孩很多，她們也聽說微軟的男孩子很好。一拍即合，那就辦一次聯誼活動吧。兩間公司的HR風光地組織了一次，然後回來興奮地盤點戰果。微軟工程師真不爭氣，一個聯合利華的女員工都沒搞定，居然還被聯合利華俘虜了一個本就稀缺的女生。

要不怎麼說歷史總是驚人地相似呢。後來聽說這樣的人間慘劇還發生在了IBM和寶僑的身上，老懷總算可以安慰。

三

　　2000~2001年是最拚命的一段時間。第一次連續55小時工作不闔眼，第一次用睡袋睡在會議室，第一次身懷3支手機，第一次……

　　業餘時間，沒什麼愛好，就是喜歡逛超市，幾近偏執，尤其是對價格的換算深深著迷（好吧，這和我是數學系畢業的有些關係）。當我看到一管160克的牙膏 12.1元，一管110克的牙膏8.8元的時候，我就興奮，有挑戰，呵呵，開始啟動默認算法，哪個更便宜。超市有時打包110克+80克的牙膏，價格更優惠，有挑戰，啟用升級算法！有時160克的牙膏再加送漱口杯，有挑戰，沒關係，算法套算法。有時超市還能消費滿100元就參加抽獎，接著算，再套再算，再算再套。

　　直到有一次，我看到一塊多芬的香皂，我的生活徹底被改變了。那塊改變我命運的多芬香皂標價4元，而旁邊3塊多芬香皂綁在一起的促銷裝卻要14元。我怎麼也想不通，怎麼促銷裝會更貴呢？於是算法陷入死循環，內存溢出，腦袋開始越來越熱，最後，崩潰了。清醒過來後，我義憤填膺地打電話給多芬的產品經理（這個經理是我的朋友），激動地投訴：「你們怎麼可以沒有邏輯到這種地步！」

　　為了避免這樣的事情再次發生，為了更好地生活，再也不用如此精打細算，我要更努力地工作。有一天公司叫我上臺領一塊

玻璃（指獎牌），我拿著這塊玻璃，無限感慨地說：「玻璃啊，我等了好久……」老闆一聽，噢，原來等了很久。很快地，我的頭銜前面被加了一個「資深」，又很快地，把「資深」拿掉，改為專案主管，再後來，我被叫進一個人的辦公室。

這個人叫華宏偉，人稱華老闆。2001年夏天，他說：「我們要做一個社區，你幫我去研究研究吧。」接到敬仰的人物交代的艱鉅任務，我激動而躊躇滿志。我找了不少網站合作，還特別邀請了一位記者到上海來和我們討論討論，給些建議。這個記者臨行前在論壇裡寫道：「微軟邀請我去上海談合作，大家看看我要怎麼談？」後來我們也成了朋友。他還送了我們一人一本他的新書，叫《數字英雄2.0》。我們在一個論壇裡開了個專區，這個論壇有一本雜誌很出名，叫《程序員》。後來我們這個社區認證了第一批最有價值的專家，其中一位如今和我是好朋友，他做了一個網站，叫「博客堂」。

接著開始共事的，不少都是後來叱吒網路風雲的數字英雄。

四

其中之一就是老王。

華老闆想做培訓，於是他讓老王寫「開發管理」，我寫「專案管理」的課程。「為什麼所有飲水機的熱水按鈕都在左邊？」老王鎮定自若地微笑。他驀地踮著腳，果斷地把整隻右臂上舉到

極限位置，極有感染力地示範鼓勵大家踴躍舉手發言。老王，學名王建碩。看看，看看，人家的段子多麼貼近生活、多麼富有哲學意味。比我說得好。我演講的時候舉的例子都是「在我的世界觀裡只有兩種東西：可以吃的、不可吃的」。羞愧，羞愧。

　　我受華老闆影響很深。他說：「人最大的敵人是膽小、懶惰。」那不是棄中華民族傳統美德勤勞、勇敢於不顧嗎？丟不起這人！得趕緊開始抓緊學習了！2002 年我沒日沒夜地學習管理，做專案，實踐，然後悄悄地參加了一門考試。我拿著證書給華老闆看：我不懶，現在我是PMP（Project Management Professional）了。PMP俗稱拍馬屁，學名專案管理專家。接著我把我寫的課程送到了美國「拍馬屁」總部。他們一看，不錯不錯，我可以授權給你，以後聽了你的課，就可以參加我們的考試，尋求美國「拍馬屁」證書了。

　　接著，我開始做部門主管，那個被吃了之後都不會有人發現的職位。郭剛開始做技術主管。一切似乎都很順利，我的自信心極度高漲，開始非常危險地覺得自己很了不起，游刃有餘。直到有一天……郭剛和我說，他辭職了。

　　我非常非常驚訝：「你做得那麼好，在微軟做技術主管，前途無量啊。」他說了一句話，讓我之後幾年一直銘記於心：「是不錯。但如果我這一生一定要發生一些改變，我希望是發生在30歲之前。」

他真的走了。我開始思考。我開始膽戰心驚地發現，原來自己是那麼微不足道。一身冷汗。後來我開始寫博客的時候，我的博客就叫「我的思考，我的博客」。

五

那麼，我的30歲應該是怎樣的？我還有夢想嗎？

於是，我趁做夢的時候開始想。夢裡我模模糊糊地想出了一片藍天，想出了幾朵白雲，白雲下面依稀是草地，草地旁邊依稀是校園。我猜想，我夢中的這個校園，大概應該叫作哈佛。我重新燃起了鬥志，渾身再次充滿力量。

新東方[40]老師告訴我，對我來說申請哈佛最好的方法，就是到美國微軟工作。因為當地的GMAT較容易，美國微軟的資歷更有幫助，還有可能不占用哈佛全球招生的有限名額。我當時心裡先一熱再一涼，這個老師，看來比我還會做夢。

但無論如何，先從英語開始練習吧。我的工作需要我每周五聽2小時香港英語，每周共3小時印度英語，每周四2個小時的全球英語，還有全天候的中國英語，配以零星的韓國英語和日本英語。終於有一天，我躺在One True Tree下休息時做了一個夢，夢中我用英語和一個美國律師激烈地爭論我有沒有偷超市的雞蛋。

40　編注：中國補教龍頭。

醒來後，我的任督二脈被打通，練出了一套只要對方一張嘴說英語，我幾乎就知道他是哪國人的本領。

一天，美國老闆突然略過我的直屬上司，和我預約了一個私人會議。隨便寒暄了點兒什麼之後，我們就都沉默了。他說：「潤，到西雅圖來吧，管理我的一個重要團隊。」

第二天，雖然離做出最終決定只有0.01秒，「Yes」已經在喉，我的心已經狂跳不止，我的手心已經出汗，但是電話這頭的我，最終還是只說了一句：「請讓我考慮考慮。」這句話說完之後，我立刻、完全失去了對哈佛的興趣。那夢中的白雲下面，草地旁邊，原來神祕的校園，對我沒有一點兒誘惑。

不少人說我不是一般的傻，我至今也沒有完全想清楚這到底是為什麼。最後我留在了中國。但我內心從來沒有這樣安詳過，對自己的選擇充滿幸福感，似乎是冥冥之中的安排。

謝昉說：「那就對了，把自己交給主來管理。」我說：「主存在嗎？」他說：「我相信是存在的。」我說：「Show me something unbelievable, then I will believe it.」雖然最後在這一點上我們尚沒有達成共識，但是我從他身上學到了一種優秀的品質：幫助別人。

六

驚聞一位美女要到微軟來做宣講，招募志願者，我第一時

間搶到了「沙發」。來的這位美女叫作Isa（名字怎麼這麼親切呢？好像在哪裡聽過），這家組織叫作「國際青年成就」。美女說得真好：「Let their success be your inspiration.」這讓我想起西方心理學大師馬斯洛也說過，人一旦吃飽了，就會撐，接著呢，就應該做點兒讓自己有安全感、有歸屬感、有榮耀感的事情，最後把自己給實現了。

10月23日，第一次參加國際青年成就的活動。

我對Isa說，活動很棒，但我不是很喜歡「成功技巧」這個題目。成功沒有技巧。於是我請開復幫忙，用他的一些內容，在原有的課程上加了一章「成功是成為最好的你自己」（後來成了開復新書的書名[41]）。這門課改名為「事業啟航」。開復頗有感慨：他1977年作為學生在美國參加國際青年成就課程時，學會了如何成為一個獨立的思考者，對自己的命運負責。今天中國的學生有同樣的機會，真令人高興。希望這樣的課程可以像當年幫助了他的職業和生活一樣，幫助今天中國的學生。

管多少人，賺多少錢，出多大名，算是成功？我似乎開始慢慢明白，自己為什麼沒有去美國。是啊，成功是成為最好的你自己。

「嗨，我有一個想法。」半夜，我打電話給謝昉，激動地說，「我想做一個公益網站。當一個人受到上帝眷顧的時候，我們當分享這份幸運。我們可以捐獻時間。」

41　編注：《做最好的自己》聯經出版。

接下來的五個月裡，我和上百個人討論這個「捐獻時間」的想法。很多人委婉地說：「最大的公益就是做好自己的工作。」（畫外音：做你自己的事吧，別弄這些沒用的。）「我要是有你那麼多時間可以捐獻就好了。「（畫外音：你就是閒得慌。）「你找誰來捐點時間給我吧。「（畫外音：我幫自己還幫不過來呢，你腦子壞掉了？）也有很多人比我更加激動：「太棒了，這就是我一直想做的。」「時間本身無所謂意義。做有意義的事情，時間才有意義。」「被需要的感覺真好。」我們的網站logo是志願者設計的，網站是志願者開發的，首頁的美女代言人是志願者，照片也是志願者拍攝的。「捐獻時間，分享快樂」這個標題，也是志願者決定的……

10月23日，「捐獻時間，分享快樂」正式發布。我從來沒有在這麼短的時間裡，不為功利地認識這麼多人。

我一邊在微軟盡心盡力管理我的幾攤區域業務和二三十個人，一邊在復旦刻苦讀著工商管理碩士提升教育背景，一邊在上海商學院偶爾履行特聘講師的職責抽空授課，一邊利用周末在國際青年成就承擔志願者委員會委員工作，一邊細心經營「捐獻時間」和20位志同道合者實現夢想，一邊要保留一些寶貴的時間給自己的親人和朋友。

非常忙，但是充實。郭剛的那句話一直在我耳邊迴響，直到那一天，我再次接到了一個意想不到的電話……

七

「潤，來市場部幫我吧。」Z 說。

有人用名誘惑我（億萬資產公司常務VP），有人用利誘惑我（七位數的年薪），有人用權誘惑我（數百人的團隊），就是沒有人用過美人計（不能不說是人生一大缺憾啊）。而Z的條件與以上都不同，比較特別。

（1）你需要從辦公室搬出來，和所有人一樣坐在格子間裡；

（2）你不會再有自己的團隊，從此只管理你自己一人；

（3）你的薪水根據業績來定，可能會比原來低，可能會比原來高，也可能會和原來持平。

「但是，我給你你夢寐以求的空間。」

歷史總是驚人地相似。七年前我加入微軟的時候，我寧可接受對我來說倒退三年的薪水，以換取一個心目中更大的空間感，那個我以前老闆認為只有北京才有的空間感。今天我堅信，我當時是明智的。七年後，我再次面臨同樣的選擇。

我說：「請讓我考慮考慮。」我想聽聽朋友們的建議。「什麼？你不會真的要去吧？」大多數人都是這個反應。「不錯啊，微軟的高級經理，多體面啊！」也有人說。但大家都問：「你到底想要什麼？」

「能令我重新激動的新挑戰。」我說。越是深入瞭解，我就

越是被這個新挑戰所誘惑、所傾倒，前所未有。「我要有這樣的勇氣，面對所渴望的變化。」

我做出了選擇。是時，我29.5歲。

從此，我的生活變得很「規律」：白天拚命和人說話，晚上奮筆寫信回信；登機就看書學習，上車就電話會議；聽音樂基本是每周日8點「最愛情歌榜」，吃水果基本在工作日8點喜來登餐廳；平均每周坐4次飛機，最多一天出現在4個城市；參觀最多的是全國各大機場，貢獻最大的是給中國移動通信。

2005年，因為非商業目的我認識了非常多的公益精英；2006年，又因為業務認識了非常多的商業夥伴。朋友們教會我的，必將是我一生都受用不盡的真正財富。

七年，這才開始。

在一個只要20分鐘就可以散步整整一圈的小島上，我住了7天。這個小島椰林樹影密布，水清沙白。很喜歡這裡的寄居蟹和水上飛機。這個小島及其周圍群島所屬的國家，叫作馬爾地夫。

在馬爾地夫，我碰到了正好來度假的郭剛和郭夫人。望著美麗的夕陽，坐在水上別墅的露臺上，我問郭剛：「你還記不記得，你離開微軟的時候，對我說過什麼？」

他很詫異：「我有說過什麼嗎？完全不記得了。我都說了什麼？」我笑笑。夕陽落下，是為了另一個升起；停一停，是為了讓靈魂能夠跟上腳步。然後，出發。

DH00438

勝算：
用機率思維找到可複製的核心能力，掌握提高勝算的底層邏輯

作　　　者—劉　潤
主　　　編—林潔欣
企劃主任—王綾翊
設　　　計—江儀玲
排　　　版—游淑萍

總 編 輯—梁芳春
董 事 長—趙政岷
出 版 者—時報文化出版企業股份有限公司
　　　　　108019 臺北市和平西路 3 段 240 號 3 樓
　　　　　發行專線—（02）2306-6842
　　　　　讀者服務專線—0800-231-705．（02）2304-7103
　　　　　讀者服務傳真—（02）2306-6842
　　　　　郵撥—19344724　時報文化出版公司
　　　　　信箱—10899 臺北華江橋郵局第 99 信箱
時報悅讀網—http://www.readingtimes.com.tw
法律顧問—理律法律事務所　陳長文律師、李念祖律師
印　　　刷—勁達印刷股份有限公司
一版一刷—2024 年 1 月 26 日
定　　　價—新臺幣 450 元
（缺頁或破損的書，請寄回更換）

時報文化出版公司成立於一九七五年，
並於一九九九年股票上櫃公開發行，於二〇〇八年脫離中時集團非屬旺中，
以「尊重智慧與創意的文化事業」為信念。

本作品中文繁體版通過成都天鳶文化傳播有限公司代理，由著作人劉潤授予時報文化出版企業股份有限公司獨家出版發行，非經書面同意，不得以任何形式，任意重製轉載。

勝算：用機率思維找到可複製的核心能力,掌握提高勝算的底
　層邏輯／劉潤著 . -- 一版. -- 臺北市：時報文化出版企業股份
　有限公司, 2024.1
　448面 ; 23*14.8公分
　ISBN　978-626-374-803-3（平裝）
　1.CST: 人生哲學 2.CST: 成功法
191.9　　　　　　　　　　　　　　　　　　112021992

ISBN　978-626-374-803-3
Printed in Taiwan